Costurar e empreender

o universo da confecção

Dados Internacionais de Catalogação na Publicação (CIP)
(Jeane Passos de Souza – CRB 8ª/6189)

Fulco, Paulo de Tarso
Costurar e empreender: o universo da confecção / Paulo de Tarso Fulco, Antonia Neusa Mendes. – São Paulo : Editora Senac São Paulo, 2018.

Bibliografia.
ISBN 978-85-396-2245-0 (impresso/2018)
e-ISBN 978-85-396-2246-7 (ePub/2018)
e-ISBN 978-85-396-2247-4 (PDF/2018)

1. Corte e costura   2. Vestuário - Roupa   3. Confecção de roupa   4. Modelagem de roupa   5. Costureiro : Técnicas de trabalho   I. Mendes, Antonia Neusa.   II. Título.

18-738s   CDD   –   391
                                                                    646.4
                                              BISAC CRA009000

Índices para catálogo sistemático:
1. Moda : Corte e Costura   391
2. Vestuário : Confecção de roupas   646.4

Paulo de Tarso Fulco
Antonia Neusa Mendes

Costurar e empreender

o universo da confecção

Editora Senac São Paulo – São Paulo – 2018

ADMINISTRAÇÃO REGIONAL DO SENAC NO ESTADO DE SÃO PAULO
Presidente do Conselho Regional: Abram Szajman
Diretor do Departamento Regional: Luiz Francisco de A. Salgado
Superintendente Universitário e de Desenvolvimento: Luiz Carlos Dourado

EDITORA SENAC SÃO PAULO
Conselho Editorial: Luiz Francisco de A. Salgado
Luiz Carlos Dourado
Darcio Sayad Maia
Lucila Mara Sbrana Sciotti
Luís Américo Tousi Botelho

Gerente/Publisher: Luís Américo Tousi Botelho
Coordenação Editorial: Verônica Pirani de Oliveira
Prospecção: Dolores Crisci Manzano
Administrativo: Marina P. Alves
Comercial: Aldair Novais Pereira

Edição e Preparação de Texto: Heloisa Hernandez, Máslova Valença
Redação e Entrevista: Márcia Capella
Fotos: Jaime Acioli
Produção Fotográfica: Adriane Abbade
Ilustrações: Estudiomil
Coordenação de Revisão: Marcelo Nardeli
Revisão de Texto: Silvana Gouvea
Projeto Gráfico e Editoração Eletrônica: Manuela Ribeiro
Capa: Manuela Ribeiro
Imagem de Capa: Jaime Acioli
Coordenação de E-books: Rodolfo Santana
Impressão e Acabamento: Gráfica Serrano

Proibida a reprodução sem autorização expressa.
Todos os direitos desta edição reservados à
Editora Senac São Paulo
Av. Engenheiro Eusébio Stevaux, 823 – Prédio Editora
Jurubatuba – CEP 04696-000 – São Paulo – SP
Tel. (11) 2187-4450
editora@sp.senac.br
https://www.editorasenacsp.com.br

© Editora Senac São Paulo, 2018

Sumário

Nota do editor, 7

Agradecimentos, 9

Apresentação, 11

O PROFISSIONAL DE COSTURA E O MERCADO DE TRABALHO, 15

Grandes oportunidades nas confecções, 16

Dono do próprio negócio, 18

AS ETAPAS DA CONFECÇÃO, 25

Criação, 27

Modelagem, 30

Pilotagem, 32

Gradação, 34

Encaixe, risco, enfesto, corte e separação, 35

Costura, 38

Acabamento e passadoria, 39

Etiquetagem, embalagem e expedição, 40

ENTRE TECIDOS, LINHAS E AGULHAS: O DIA A DIA DO PROFISSIONAL DE COSTURA, 43

Tecidos, 44

Máquinas de costura , 47

Instrumentos e acessórios básicos, 58

COSTURA, 61

Como vamos trabalhar, 62

Técnicas de costuras e detalhes de processos, 64

Roupa feminina, 83

Blusa, 83

Saia, 101

Vestido, 123

Roupa masculina, 139

Camisa, 139

Calça jeans, 159

REFERÊNCIAS, 183

CUIDADOS COM A SUA SAÚDE, 185

NOTA DO EDITOR

Nesta publicação, os autores expõem o tema da costura industrial com o objetivo de trazer informações úteis sobre o mercado têxtil e o dia a dia das confecções, a fim de orientar todos que desejam se dedicar a esse ofício.

De maneira prática, são descritas técnicas que podem ser desenvolvidas nas máquinas reta ponto fixo e overloque industriais, facilmente encontradas em confecções, e explica-se como costurar e montar peças de roupa, com fotos e ilustrações.

Atentos ao bem-estar do trabalhador, os autores também prepararam um encarte, no fim do livro, que indica a melhor postura para sentar-se à máquina e alguns alongamentos, para o cuidado com a saúde.

O Senac São Paulo, por meio desta obra, reafirma o seu compromisso com o conhecimento e o empreendedorismo, visando estimular o aprendizado e o desenvolvimento profissional de quem trabalha com costura e quer atuar na indústria de confecção.

AGRADECIMENTOS

Agradecemos a Beto Neves, Fabiana Pereira Leite e Souza Mello, Lucia Mendes Carvalho e Marta Maria Pereira Lima por compartilharem seu conhecimento e experiência nos depoimentos que deram para este livro.

À equipe da Editora Senac Nacional, pelo convite para desenvolver este trabalho, e também à equipe da Editora Senac São Paulo, que concluiu o projeto.

Nosso agradecimento especial à Máslova Valença, que nos acompanhou durante a maior parte do processo, e a Deus, a quem tudo agradecemos.

APRESENTAÇÃO

Depois de muitos anos dedicados ao ensino de costura e modelagem, aceitamos o desafio de escrever este livro. Ficamos felizes porque pudemos, pela primeira vez, nos concentrar inteiramente na arte da costura. Em geral, os livros acabam dando mais ênfase à modelagem, deixando as técnicas de costura em segundo plano. Aqui, nossa atenção se voltou inteiramente para o universo dos profissionais de costura: do mercado de trabalho até o passo a passo da costura e da montagem das peças.

A fim de demonstrar as principais técnicas, criamos três peças de roupa feminina – um vestido, uma blusa e uma saia – e duas de roupa masculina – uma camisa e uma calça – exclusivamente para esta publicação. Não usamos modelos prontos nem criamos peças com base em um conceito prévio, como fazem os estilistas. Fizemos o caminho inverso: pensamos primeiramente nas técnicas de costura e, com base nelas, desenvolvemos os modelos. Por isso, não espere encontrar peças glamourosas,

tampouco cheias de estilo. As peças criadas concentram técnicas que consideramos as mais importantes para seu aprendizado.

A maior parte dos profissionais de costura atuantes no mercado de confecções não lida com a modelagem. Eles já recebem as partes da roupa cortadas. Por isso, decidimos começar o livro a partir da montagem da roupa. Sabemos que existem mil e uma maneiras de fazer isso. Procuramos indicar uma sequência que facilite o entendimento de como montar a peça e de como executar as técnicas apresentadas. Depois de você entender como se monta a peça e quais os tipos de máquina e de costura mais indicados, será mais fácil adaptar-se a diferentes sistemas de trabalho e até mesmo criar sua maneira de fazer.

Todas as peças foram costuradas com uma máquina reta ponto fixo e uma máquina overloque industriais, que são as mais utilizadas nas confecções e que todo profissional de costura, que tem a intenção de prestar serviços para a indústria, deve ter em casa, já que com elas pode-se fazer a maior parte dos trabalhos de costura. Aprendendo a usar essas duas máquinas, você estará apto a montar qualquer peça.

O livro começa com um panorama do mercado de trabalho, tanto para quem pretende conseguir um emprego em uma confecção como para quem sonha abrir seu próprio negócio. Depois falamos um pouco sobre a cadeia produtiva do vestuário, desde quando a peça é concebida até a embalagem do produto final. Dedicamos algumas páginas às máquinas, instrumentos e materiais de trabalho, porque sabemos que a qualidade do resultado final está diretamente relacionada à escolha dos instrumentos e materiais corretos.

No capítulo específico sobre a costura, começamos apresentando as técnicas e os detalhes da montagem mais importantes que serão usados em diversas peças, como retrocesso, fixação do zíper e costura francesa, entre outras. Em seguida, mostramos como fazer cada uma das peças — blusa, vestido, saia, calça e camisa — passo a passo, com fotos coloridas que certamente facilitarão o entendimento. Você encontrará ainda a descrição das peças, suas partes componentes, os equipamentos e materiais necessários à sua confecção e a sequência operacional predefinida para a montagem de cada uma delas.

No fim do livro, acrescentamos um encarte chamado "Cuidados com a sua saúde". Nele, você encontrará sugestões de exercícios de alongamento para prevenir problemas relacionados à atividade profissional.

Esperamos que este livro seja decisivo para sua formação e sirva de referência e consulta para suas criações. E não se canse de repetir as técnicas de costura aqui demonstradas até encontrar a sua própria maneira de costurar. Bom estudo!

CAPÍTULO 1

o profissional de costura e o mercado de trabalho

GRANDES OPORTUNIDADES NAS CONFECÇÕES

O Brasil é o único país do ocidente que ainda possui a cadeia têxtil completa, como costuma-se dizer: "da fibra à passarela". Temos produção de fibras, fiações, tecelagens, beneficiadoras, confecções e uma rede de varejo muito forte: em nível mundial, estamos entre os cinco maiores produtores e consumidores de denim e entre os quatro maiores produtores de malhas (Texbrasil, 2023). Além disso, temos várias escolas e faculdades de moda, e uma das cinco maiores semanas de moda do mundo, a São Paulo Fashion Week, referência mundial de moda praia e jeanswear.

Estrutura da cadeia produtiva têxtil e de confecções

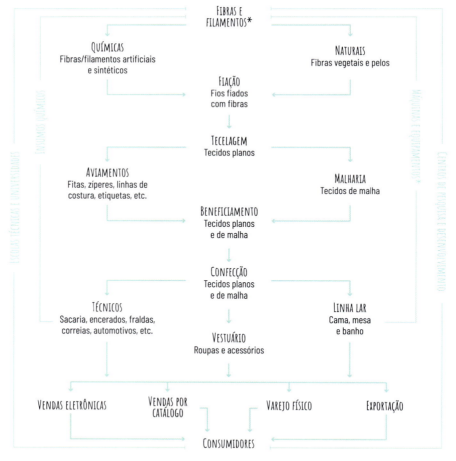

* Segmento de fornecedores.
Fonte: Adaptado de Abit (2013).

Você pode não ter pensado nisso ainda, mas quem trabalha com confecção de roupas faz parte de um setor que movimenta significativamente a economia do Brasil. Há oportunidades em todo o país para quem trabalha com costura. Os empresários do setor estão sempre à procura de mão de obra especializada para atuar na produção de peças do vestuário. Há vagas em todas as funções, desde auxiliares até pilotistas ou piloteiros, que são os costureiros mais qualificados, capazes de costurar uma peça completa, desde a preparação até o acabamento. Esse profissional precisa ter uma noção de modelagem e corte para ser capaz de identificar as partes cortadas no tecido e reconhecer cada uma delas no desenho do modelo final a ser confeccionado. Por tudo isso, no mercado de confecção de roupas, o pilotista é o profissional que tem a melhor remuneração entre aqueles que trabalham com costura.

Até meados do século passado, o ofício de costura era passado praticamente de mãe para filha. Aliás, segundo dados divulgados pelo Programa de Internacionalização da Indústria Têxtil

DE BEM COM A VIDA

Marta Maria Pereira Lima é costureira pilotista há trinta anos. Trabalha por conta própria, em seu ateliê, prestando serviços para a estilista carioca Isabela Capeto. Aprendeu os segredos da costura com a mãe e hoje ensina a filha, que é também sua ajudante. Geralmente trabalha doze horas por dia (ou mais, se precisar), mas sente prazer no que faz. É capaz de ficar um dia inteiro para terminar uma só peça, com acabamento de primeira.

Sobre seu processo de trabalho, conta que, em geral, funciona da mesma maneira: a estilista desenha, a modelista faz o molde (tamanho 36 ou 38), ela corta, monta, costura e faz os acabamentos na peça inteira. Algumas vezes, faz todas as peças de um desfile. Em seu ateliê, Marta tem uma máquina de costura reta, uma overloque, uma máquina de casear, uma zigue-zague e uma de fazer bainha. Acredita que é importante aprender a manejar todas as máquinas.

É uma mulher realizada com seu trabalho, que se orgulha muito da sua profissão, principalmente quando vê pela televisão os desfiles de moda e reconhece, nas passarelas, as roupas que costurou. Para ela, quem circula no meio da moda tem de estar sempre bem informada. Sua dica é: "Procure se atualizar sempre, mesmo que seja pela tevê ou internet".

e de Moda Brasileira (Texbrasil), até hoje são as mulheres quem dominam o mercado da costura, ocupando 60% dos empregos formais na área (Texbrasil, 2023). Costurar era uma das poucas atividades permitidas às moças da época, que se orgulhavam de fazer os próprios vestidos e o enxoval de seus bebês. As mais talentosas entre essas costureiras caseiras acabavam aprendendo um pouco de tudo: fazer o molde, cortar, montar, alinhavar, costurar e arrematar, o que muitas vezes lhes abria uma porta para o mercado de trabalho.

Mas muita coisa mudou de lá para cá e quase não há mais quem tenha aprendido a costurar em casa. É que as exigências da produção em série transformaram o conceito de costurar, criando muitas especializações. Hoje há profissionais que pregam exclusivamente mangas, punhos, viés, bolsos, zíperes, botões, elásticos, entre outras tantas funções que dão agilidade à produção em grande escala.

Atualmente, a maioria dos profissionais de costura trabalha para confecções ou facções, em que não se exige que saibam modelar. Em geral, eles são responsáveis pela montagem das peças com base em moldes previamente definidos. Este livro visa especialmente esse público, que deseja aprender os segredos dessa atividade, em busca de boas colocações no mercado.

DONO DO PRÓPRIO NEGÓCIO

Você pensa em abrir uma confecção ou uma facção? As oportunidades de empreender em costura são grandes. Além das confecções e facções, você pode optar por um ateliê para criar roupas sob medida, uma oficina de consertos, de reforma ou customização de roupas, de criação de fantasias de Carnaval, de enxoval para noivas ou para bebês, de uniformes ou qualquer outra oportunidade ao seu alcance.

Confecção ou facção

As confecções são marcas próprias que geralmente criam suas coleções e as comercializam no varejo. Podem realizar todo o processo de produção, desde a criação da coleção até a comercialização ou terceirizar partes. As facções prestam serviços às confecções. Há facções e profissionais autônomos especializados em todas as etapas da produção, incluindo modelagem, montagem de peça-piloto, corte, costura, fechamento de peças, acabamento, passadoria e até embalagem.

Antes de tomar qualquer iniciativa quanto à abertura de um negócio próprio, anote alguns conselhos importantes de Fabiana Pereira Leite e Souza Mello, coordenadora de moda do Serviço Brasileiro de Apoio às Micro e Pequenas Empresas (Sebrae). Segundo Fabiana, quem pretende trabalhar por conta própria deve se perguntar: "Quero mesmo fazer isso?". Abrir um negócio significa assumir uma série de obrigações. Quando uma pessoa deixa de ser funcionário de uma empresa para ser dono, perde alguns direitos, como férias e décimo terceiro salário, e passa a ter outras responsabilidades, como fazer declarações e recolher impostos, por exemplo.

Outra dica de Fabiana é: para ter sucesso como empresário no ramo da moda, é preciso capacitar-se constantemente, aprender novas técnicas, informar-se sobre novos tecidos, novas máquinas e tendências do mercado. E, acima de tudo, agir com espírito empreendedor, criando e fortalecendo redes de conhecimento e procurando se cercar de pessoas que possam dar informações atualizadas.[1]

O conhecimento técnico do negócio é fundamental. Quem vai abrir uma confecção precisa entender de costura. Mas é necessário aliar o conhecimento técnico aos conhecimentos de gestão para abrir um negócio. A maior parte das pequenas empresas fecha antes de completar três anos de vida. Em geral, isso acontece por falta de preparo dos empreendedores, porque eles agem por impulso, pensando que basta saber fazer. Esquecem de que é preciso um grande conhecimento de como gerir o negócio e muito planejamento. Se você pretende abrir uma empresa ou microempresa, não deixe de planejar, de entender como funciona o mercado e de estabelecer metas de curto, médio e longo prazos.

---

1   As informações foram obtidas por meio de entrevista conduzida por Márcia Capella. [N.E.]

Necessidade + dedicação = sucesso

Lúcia Mendes de Carvalho é dona da Labuta, uma microempresa que presta serviço de facção para diversas marcas do mercado. Sua empresa funciona há dezessete anos, no térreo de sua casa, e hoje conta com sete máquinas retas, uma overloque, uma interloque, uma caseadeira e uma colarete. De lá saem cerca de setecentas peças por mês de moda jovem e casual em tecido plano. Lúcia conta com cinco costureiras internas, uma overloquista externa, uma passadeira fixa, uma passadeira externa e uma empacotadeira *freelancer*.

Quando decidiu ser empresária, ainda não sabia costurar. Fez, então, um curso de costura e atualmente coordena, executa e supervisiona todas as funções de sua pequena fábrica. Ela é quem negocia com os fornecedores os modelos que fará, os prazos e os preços. Também é ela quem elabora as peças-piloto, distribui as tarefas para os funcionários, compra linhas, fios e todo o material necessário. Além disso, Lúcia é responsável pelo controle de qualidade e administração da empresa, o que inclui a emissão das notas fiscais e o pagamento dos funcionários. E, sim, muitas vezes, trabalha na produção como costureira. A cada início de uma nova produção, ensina às costureiras como executar os novos modelos.

Um conselho de Lúcia para quem quer abrir seu próprio negócio: "Aprenda a costurar para poder orientar suas funcionárias, pois hoje em dia a mão de obra especializada é raríssima. As costureiras estão em extinção!".

Da fábrica de camisetas à incubadora de negócios

Há mais de vinte anos, Beto Neves criou a Complexo B. Começou a confecção em sua casa, em São Gonçalo. Logo passou a comercializar sua produção em uma pequena loja, em Ipanema. A necessidade de ampliar o negócio o levou a um galpão no bairro de São Cristóvão, onde eram feitas cerca de 2 mil camisetas por mês, vendidas no mercado do Rio de Janeiro e em algumas cidades do Brasil. Recentemente, fechou o galpão e abriu a Complexcidade, uma incubadora de negócios, localizada na Lapa, para onde levou a Complexo B.

Desde cedo, Beto se interessou por moda, mas durante muito tempo essa não foi sua principal atividade. Inicialmente trabalhava como bancário parte do dia e vendia roupas de uma confecção nos tempos vagos. Acabou tornando-se amigo do dono da confecção e arriscou dar alguns palpites: sugeriu cores, deu opinião nas fotos, nas modelagens. Assim foi percebendo que gostava de trabalhar nessa área. Procurou, então, fazer alguns cursos ligados ao segmento, ler sobre o assunto e frequentar feiras, preparando-se aos poucos para deixar a vida de bancário e dedicar-se definitivamente à moda.

No início, contava apenas com sua tia para costurar em uma antiga máquina de costura reta e uma overloque comprada com a indenização do antigo emprego. No começo, ele mesmo fazia as vendas, levando as roupas em sacolas. Em 1988, conseguiu abrir um ponto de venda em uma sala, mas não contou com o peso da inflação e acabou fechando. Optou, então, por produzir peças para uma grande loja e, aos poucos, voltou a se capitalizar. Abriu outros pontos de venda, fechou, participou de feiras, foi vitorioso em um concurso de talentos... experimentou um pouco de tudo até firmar sua marca. E Beto continuou se capacitando: estudou modelagem e administração de empresas e frequentou feiras e eventos ligados à moda.

Em vinte anos, sua confecção cresceu, quebrou, deu a volta por cima, firmou-se como criadora de moda masculina e consagrou-se. No momento, a empresa transformou-se em uma incubadora que aposta em novos talentos. Depois de anos de trabalho na área, Beto estudou administração e percebeu que boa parte dos criadores tem domínio técnico e talento, mas desconhece as ferramentas de gestão. Fornecer essa ferramenta aos criadores é a missão da Complexidade, que em pouco tempo de vida já lançou uma dúzia de novas grifes no mercado.

Planejamento nunca é demais

Para trabalhar por conta própria, é essencial aprender a antecipar situações e evitar problemas futuros. Em uma só palavra: planejar. Você deve procurar definir, por exemplo:

- em que segmento quer atuar (o ideal é aproveitar sua experiência na área);
- qual será a forma jurídica da empresa (MEI, ME, Ltda., etc.);
- qual a localização mais adequada para o seu empreendimento (considerando fatores como legislação, segurança, facilidade de acesso, proximidade com os clientes e fornecedores, por exemplo);
- qual o capital disponível para ser investido;
- quantas peças poderão ser feitas por mês;
- qual o maquinário necessário e como consegui-lo;
- quem serão seus fornecedores;
- quem serão seus concorrentes;
- para quem você fornecerá;
- como divulgará seus produtos;
- quanto ganhará por mês e se esse valor será suficiente para sobreviver e pagar as contas.

Para responder a todas as questões sobre a abertura de uma empresa, vale a pena consultar o Sebrae ou algum especialista no assunto que o ajudará em um plano de negócios na medida de suas possibilidades. Fazer um plano de negócios significa colocar suas ideias no papel, descrever seus objetivos e como você irá alcançá-los.

Essa é a melhor forma de assegurar que você não está se esquecendo de nada, que não vai ser pego de surpresa no meio do caminho com alguma despesa de última hora. Em seu plano de negócios, estarão detalhados cada item necessário à formalização e ao andamento de sua empresa, como quais serão as despesas iniciais, o que considerar na hora de calcular os preços dos produtos, como calcular as despesas operacionais e a margem de lucro.

Um especialista em plano de negócios pode também ajudar a evitar despesas desnecessárias na compra dos equipamentos, sugerir opções de máquinas mais adequadas e até recomendar a melhor maneira de dispor suas máquinas no espaço disponível para facilitar os processos de produção e aumentar a produtividade da empresa. Por tudo isso, não deixe de procurar ajuda antes de começar a investir em seu sonho.

Tipos de empresa

Se você tem vontade de abrir uma empresa, saiba que pela nossa legislação o tipo de empresa depende basicamente do total da arrecadação anual. O MEI (microempreendedor individual) é uma maneira fácil de formalizar um pequeno negócio próprio. Como MEI, você pode abrir uma conta bancária, pedir empréstimos e emitir notas fiscais. Mas não pode ser sócio ou titular de outra empresa, não pode ter filial e deve trabalhar sozinho ou ter apenas um empregado.

Não é caro nem demorado formalizar-se como MEI. Depois de inscrito, pode-se iniciar imediatamente o negócio, com documentação provisória válida por 180 dias. Mensalmente será preciso pagar uma pequena contribuição à Previdência Social e o ICMS (imposto sobre circulação de mercadorias e serviços) ou ISS (imposto sobre serviços de qualquer natureza). Após um período de contribuição, o microempreendedor passa a ter acesso a benefícios como auxílio-doença, salário-maternidade, aposentadoria por idade e por invalidez e pensão para a família, em caso de morte.[2]

Há outros tipos de empresa individual, dependendo da classificação em que se enquadra, de acordo com a arrecadação estabelecida por lei: microempresa, empresa de pequeno porte ou pequena empresa e empresa individual de responsabilidade limitada.

Para formalizar-se em alguma delas, é necessário procurar a junta comercial da região e informar-se sobre a documentação necessária, a classificação de acordo com a arrecadação prevista e os impostos a serem pagos.

Para abrir um negócio com um ou mais sócios, a opção é a Sociedade Limitada (Ltda.), na qual a responsabilidade de cada sócio é limitada à quantidade de cotas que ele possui. Os aspectos legais para abrir uma Sociedade Limitada devem ser consultados na junta comercial da sua região.

---

2   Consulte mais detalhes no Portal do Empreendedor, disponível em http://www.portaldoempreendedor.gov.br/.

CAPÍTULO 2

As etapas da confecção

Você já parou para pensar por onde passa uma roupa antes de chegar à vitrine da loja? Geralmente tudo começa com uma ideia que é representada em um desenho. A partir daí, segue diversos passos até se transformar em uma roupa pronta para ser vestida. O estilista, profissional responsável por essa etapa inicial e pelo acompanhamento de todo o processo, é quem tem maior reconhecimento. Mas, além dele, há uma enorme equipe de costureiros, modelistas, bordadeiros, riscadores/cortadores, arrematadeiros, passadeiros e outros profissionais que colaboram para o sucesso de uma coleção.

Esses profissionais fazem parte do chamado setor têxtil e de confecções que responde por uma das maiores folhas de pagamento da indústria brasileira. São eles que movimentam o mercado da costura, trabalhando em confecções, facções, ou mesmo em suas casas, para produzir as roupas que são vendidas tanto nas lojas mais sofisticadas como nas mais populares. Sim, porque todas as roupas seguem basicamente as mesmas etapas de produção.

Para entender esse caminho, descreveremos uma sequência de etapas desse processo. É bom lembrar que estamos tratando de uma produção em larga escala, não da fabricação de uma peça única no ateliê. Você deve saber que essas etapas podem ser diferenciadas ou ter sua ordem alterada, de acordo com o tipo ou tamanho da confecção. Se a produção é feita internamente em uma empresa ou terceirizada para outras confecções ou facções, as etapas de trabalho também mudam.

Etapas para a produção de uma roupa

1	Criação			
2	Modelagem	Pilotagem	Gradação	
3	Encaixe	Risco	Enfesto	Corte	Separação
4	Costura			
5	Acabamento	Passadoria e controle de qualidade		
6	Etiquetagem	Embalagem	Expedição	

CRIAÇÃO

A criação é o ponto de partida do processo. Começa com as ideias do estilista, que serão registradas em um desenho – geralmente artístico –, conhecido como croqui. No dia a dia da produção em larga escala, há pouco espaço para o aprimoramento conceitual e artístico dos croquis. O que realmente transita na maioria das confecções, por conta da agilidade e da dinâmica do processo, é o desenho técnico: um desenho detalhado da roupa a ser produzida.

O desenho é interpretado pelo modelista para dar início à confecção das peças. Inicialmente, o desenho pode ser o que chamamos de croqui técnico, que é um desenho técnico com algum movimento e noção de perspectiva, como se a peça estivesse vestida em um corpo. Essa primeira versão normalmente é alterada e acrescida de detalhes durante a pilotagem. Somente após a aprovação da peça-piloto, também chamada de protótipo, é que se tem a versão definitiva do desenho técnico, na qual são anotados todos os detalhes e as medidas da peça.

Em suas criações, o estilista deve considerar a faixa etária, o poder aquisitivo, o estilo e o conforto, entre outras variáveis. Feiras internacionais da indústria têxtil, especialistas em tendências, revistas, livros e sites de moda são fontes de pesquisa que orientam e facilitam o direcionamento das coleções. Porém,

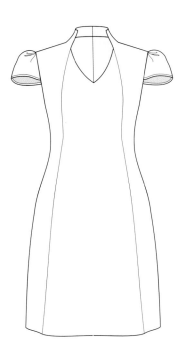
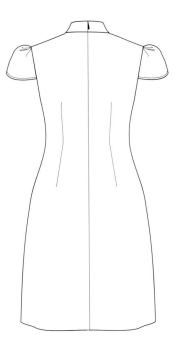

cada vez mais, a ferramenta de maior valor para o desenvolvimento do produto adequado ao mercado é o olhar aguçado para a observação do comportamento do consumidor e do público-alvo. Ao contrário do tempo em que a moda era ditada nas passarelas, hoje em dia as tendências saem das ruas e determinam o que será lançado nas coleções.

A escolha dos materiais faz parte do processo de criação. Muitas vezes, a ideia vem à cabeça e é preciso buscar o tecido perfeito. Se não for possível, por diversas questões, especialmente de custos, procura-se um similar que atenda à maior parte dos requisitos. Em outras situações, o desafio pode ser criar algo para uma quantidade de determinado tecido que está parada no estoque. Nesse caso, a criação será direcionada para a utilização dessa matéria-prima. Como o assunto é roupa, estamos falando em tecidos, mas muitas vezes determinado aviamento, como botão ou passamanaria, pode ser o determinante para a concepção de uma peça específica.

No processo de criação, o estilista deve pensar ao mesmo tempo nos tecidos e nos aviamentos, que diferem para cada tipo de peça ou de acordo com o efeito desejado. Por isso, nesse momento, em que já existem o desenho e as primeiras especificações de matérias-primas, pode-se dar início ao preenchimento da ficha técnica do produto, na qual, além dessas informações, serão incluídas as primeiras previsões de gastos.

A ficha técnica é o documento no qual ficam registradas todas as informações sobre determinada peça, desde a matéria-prima até o fechamento do custo final. Ela deve ser preenchida ao longo do desenvolvimento do produto. Cada

PROFISSÃO

O **estilista** ou designer de moda é o profissional que cria as roupas, procurando captar os desejos e as necessidades do consumidor, com base nas tendências de moda e de mercado, aliadas aos objetivos gerais de determinada empresa. Engana-se quem tem a ideia de que o estilista lida apenas com papéis, tintas e pincéis para criar e desenhar croquis de coleções de roupas e acessórios. Ele também seleciona e compra tecidos e aviamentos, aprova a peça-piloto, determina as grades a serem cortadas para a produção e calcula o preço final do produto. Dependendo do tamanho da empresa, ele pode executar essas tarefas sozinho ou contar com a participação de uma equipe de consultores, compradores e profissionais das áreas de marketing e finanças.

confecção adota um modelo; o importante é que todos os dados estejam lá: os materiais que serão utilizados (tecidos e aviamentos), as técnicas adotadas, as máquinas utilizadas, o desenho técnico, o tempo de produção e os custos envolvidos. A ficha auxilia no processo de produção e é um importante instrumento de controle de qualidade. Uma boa ficha técnica garante um bom produto final.

FICHA TÉCNICA – CRIAÇÃO			
EMPRESA		**COLEÇÃO**	INVERNO 2018
MODELO	VESTIDO	**REFERÊNCIA**	IN001V2018
DATA	03/01/2018	**DESIGNER RESPONSÁVEL**	N. MENDES
DESCRIÇÃO: Vestido tubo com decote em "V", recortes verticais na frente, gola em pé, mangas em meia cava com pregas, costas com pences verticais e zíper no centro.			
DESENHO TÉCNICO			

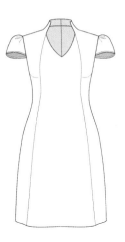 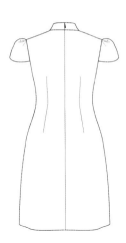

Observações:					
MATÉRIA-PRIMA	**FORNECEDOR**	**CÓDIGO**	**DESCRIÇÃO**	**QTDE.**	**CUSTO**
Tecido	PTF Tecidos	CDF-101	Cetim dupla-face	1,15 m	
Entretela	ANM Entretelas	EM-501	Entretela malha	0,45 m	
Zíper	ECL Fechos	ZNI-065	Zíper invisível nylon 65 cm	01	
AMOSTRAS		**TAMANHO DA PEÇA**		**COR DA PEÇA**	
		38		Berinjela / rosa	
		MODELISTA RESPONSÁVEL		**DATA DA APROVAÇÃO DA PEÇA**	
		Mariana			

Ficha técnica do vestido feito pelos autores para o livro.

MODELAGEM

Quando o desenho técnico está pronto, é hora de criar os moldes, que são a representação no papel do que vai ser cortado no tecido. Nessa fase, o modelista desenha no papel as partes componentes da roupa com a indicação dos volumes, franzidos, pences, margens para as costuras e outros detalhes que orientarão o corte e a costura das diferentes partes da roupa.

O desenho técnico é o ponto de partida da interpretação do modelo, ou seja, da transformação da ideia do estilista em molde. Em alguns casos, além dos desenhos, o estilista e o modelista utilizam peças já prontas como referência.

Em geral, as confecções já têm moldes prontos que servem de base para a confecção de várias peças, as chamadas bases de modelagem, que são representações gráficas da planificação do corpo. Além disso, algumas modelagens de determinadas peças produzidas servem como moldes-base para a interpretação de outros modelos da mesma família de produtos.

Quando a confecção possui as bases da modelagem, o trabalho do modelista é adaptar o molde existente para a nova peça de acordo com o desenho técnico do modelo. Então, o molde segue para a confecção da peça-piloto, que depois de pronta será vestida pelo modelo de prova para aprovação. O modelo de prova deve ser uma pessoa com medidas semelhantes às do tamanho-base utilizadas pela empresa.

Modelagem plana ou tridimensional?

Na confecção dos moldes, podem ser aplicadas técnicas de modelagem bidimensional, também conhecida como modelagem plana; ou técnicas de modelagem tridimensional, chamadas de *draping* ou de *moulage*. Na modelagem plana, os moldes são feitos em papel. Na modelagem tridimensional, os moldes são obtidos a partir do ajuste do tecido diretamente sobre o manequim, e posteriormente passados para o papel.

Informações essenciais dos moldes

Para evitar erros na produção, o molde deve conter as seguintes informações:

Direção do fio de urdume do tecido: linha indicando a direção do fio; deve estar perfeitamente paralela à ourela, no momento de posicionar o molde sobre o tecido para o corte.

Identificação do modelo: nome ou referência da peça e da coleção. Algumas confecções usam numeração; outras, nomes fantasia para identificar as peças.

Identificação da parte do molde: nome dado a cada parte da modelagem, como frente, cós, manga, gola, etc.

Tamanho: 36, 38, 40, 42 ou P, M, G, GG, de acordo com a tabela adotada pela empresa.

Quantidade para o corte: uma, duas vezes, um par, etc.

Piques e furos: marcações a serem passadas ao tecido cortado para auxiliar a montagem, como posição de bolso, pences, pregas, etc. Os piques e os furos são meios de comunicação entre modelagem, corte e costura.

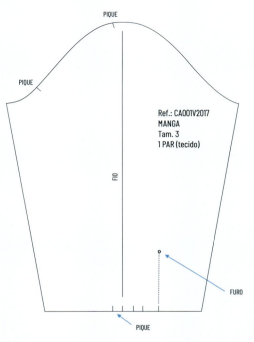

PROFISSÃO

Na modelagem, o processo é dominado pela figura do **modelista**, responsável por fazer os moldes e, junto com o estilista, definir tecidos, aviamentos e outros detalhes da confecção. É um trabalho extremamente técnico, que exige precisão matemática. O rigor da modelagem é essencial para um bom caimento da roupa. Além de uma boa percepção geométrica, o modelista deve conhecer tecidos e aviamentos, pois, muitas vezes, é na hora de passar as ideias para a prática que os problemas aparecem. Atualmente, muitas confecções fazem a modelagem por meio digital, por isso, o modelista tem de dominar os programas de computador específicos para confecção.

AS ETAPAS DA CONFECÇÃO | 31

PILOTAGEM

O primeiro teste da modelagem é a confecção da peça-piloto. Ela é feita pelo pilotista ou piloteiro: o profissional de costura especializado na montagem da peça que servirá de modelo para a confecção das demais. Faz parte do seu trabalho sinalizar os ajustes a serem feitos na modelagem ou sugerir alterações de acabamentos para a peça.

O corte da peça-piloto pode ficar a cargo do modelista, do próprio pilotista, de um auxiliar designado para o serviço, ou poderá ser executado no setor de corte, dependendo da hierarquia da produção de cada fábrica. Nesse momento, é importante registrar a quantidade de material gasto na produção do modelo, pois essa informação servirá para calcular o custo da peça, decisivo para a definição do preço final de venda do produto.

Depois de cortada, a peça será montada de acordo com as orientações do modelista. Um bom pilotista deve dominar todo o processo da costura e saber operar as máquinas da confecção. Porém, nem sempre na montagem da peça-piloto são utilizadas todas as máquinas que serão utilizadas durante a produção. Normalmente, para peças de tecido plano, uma máquina reta (ponto fixo) e uma overloque 3 fios são suficientes para a maioria das operações de costura.

Após a limpeza, arremate e passadoria, um modelo de prova vestirá a peça-piloto para que ela possa ser avaliada. Na prova serão observados possíveis defeitos e marcados os ajustes, os caimentos, as alterações de proporções e os detalhes em geral. Também deverá ser verificada a adequação da matéria-prima principal

Cuidados anteriores à prova

A peça-piloto deve ser confeccionada com os materiais indicados na ficha técnica. Assim, o estilista poderá avaliar o comportamento dos materiais. No caso de modelos que serão submetidos a lavagens, tinturaria ou processos que possam alterar o tamanho ou o caimento da peça, esses procedimentos deverão ser executados antes da prova.

PROFISSÃO

O **pilotista** ou **piloteiro** é o profissional de costura especializado na montagem das peças-piloto. Ele deve dominar todo o processo de costura e trabalhar em parceria com o modelista para chegar ao molde perfeito. Ele fará o teste da modelagem e sugerirá ajustes, indicará os melhores acabamentos. Deve conhecer todas as máquinas e os processos de costura.

e dos aviamentos ao modelo. Todos esses acertos, assim como as observações feitas anteriormente pelo pilotista, deverão ser registrados e alterados na modelagem para possibilitar o corte e a montagem de uma nova peça-piloto.

Essa sequência de acertos na modelagem, pilotagem e prova será repetida sucessivamente, até que a peça-piloto seja aprovada. Nessa fase, deverão ser acrescentados todos os aviamentos, realizados todos os processos de finalização e colocadas todas as etiquetas necessárias (marca, fabricante, tamanho, composição, instruções de conservação, etc.). Aí, sim, a peça está pronta para servir de modelo para a produção em grande escala, sendo chamada, a partir desse momento, de protótipo.

Com a aprovação da peça-piloto, teremos novas informações para a ficha técnica, como: relação das partes componentes da modelagem; sequência operacional; detalhes da montagem e previsão de gastos relativos à matéria-prima; aviamentos e processos complementares (estamparia, bordado, lavanderia, etc.); e posições das etiquetas. A partir disso, pode-se também fazer o desenho técnico definitivo, com os detalhes e as medidas finais.

Esse processo da costura, tanto o protótipo quanto as fases de produção, é o assunto principal deste livro e será detalhado nos dois próximos capítulos com base na descrição da montagem de algumas peças criadas.

GRADAÇÃO

Depois que a peça-piloto está pronta e aprovada, a roupa está a meio caminho de ser reproduzida na quantidade desejada para a venda. Mas, para que isso aconteça, é necessário realizar a gradação dos moldes da peça-piloto, a fim de possibilitar a confecção do modelo em diferentes tamanhos, conforme a grade oferecida pela empresa.

Com base na tabela de medidas adotada, o modelista faz os moldes para cada um dos tamanhos da grade. A gradação é feita por meio de um processo geométrico para criar os demais tamanhos da grade a partir do molde aprovado no tamanho-base. Existe a possibilidade de fazer peças-piloto de cada um dos tamanhos da grade, mas essa prática não é muito comum, pois torna o processo de produção mais lento. Também se deve considerar a dificuldade de obtermos modelos de prova com as mesmas proporções em vários tamanhos. É comum a gradação ser chamada de ampliação, mas, na verdade, são feitos tamanhos maiores e menores. Dependendo da empresa, a grade de modelagem será feita pelo próprio modelista ou por um auxiliar capacitado para tal.

Tabela de medidas

Para começar, é preciso definir o tamanho da peça-piloto. Depois disso, o modelista fará os moldes da peça-piloto baseando-se na tabela de medidas adotada pela confecção. Nessa tabela, estão as medidas-padrão das principais partes do corpo, para cada número de manequim: 36, 38, 40, 42, etc. O tamanho escolhido para a peça-piloto será chamado de tamanho-base e utilizado em todas as peças que comporão os mostruários das coleções e também, posteriormente, para a gradação dos moldes de outros tamanhos.

Gradação eletrônica

Nas grandes confecções, a gradação é feita de forma eletrônica. Nesse caso, os moldes aprovados são digitalizados para serem reconhecidos e manipulados pelo sistema. Existe ainda a possibilidade de se desenvolver toda a modelagem, desde o início, diretamente no computador. Da mesma forma que no processo manual, após cada prova de roupa, as alterações devem ser feitas nos moldes originais para que, no final dessa etapa, tenhamos os moldes da peça-piloto aprovados.

ENCAIXE, RISCO, ENFESTO, CORTE E SEPARAÇÃO

Enquanto a gradação é feita pelo modelista, define-se a quantidade de peças de cada tamanho que será produzida. Essa informação fica registrada em uma ordem de serviço. Com base na estimativa de gasto de tecido indicada na ficha técnica, será possível calcular a quantidade de matéria-prima necessária para o corte.

Separa-se a quantidade de peças de tecido para atingir a metragem total e, em seguida, confere-se a largura de cada um dos rolos de tecido. É comum uma pequena variação de largura de peça para peça e, por isso, faz-se necessário saber a menor largura entre os rolos para fazer o encaixe dos moldes.

Depois de finalizar a gradação é hora de fazer o encaixe, ou seja, a arrumação dos moldes sobre o tecido ou sobre o papel de risco. Nesse momento, o importante é conseguir a melhor disposição dos moldes, visando o menor gasto de tecido.

Moldes riscados mais de uma vez

Muitas vezes um mesmo molde deve ser riscado mais de uma vez, por exemplo no caso de uma gola dupla. Além disso, algumas partes são pares e, por isso, o molde deverá ser riscado uma vez com uma face para cima e outra com a face para baixo, como no caso das mangas de uma camisa social masculina.

É importante assegurar que as linhas de direção do fio nos moldes estejam rigorosamente paralelas à ourela do tecido.

O **risco** é feito contornando as partes do molde para desenhá-las diretamente no tecido ou no papel, e deve conter todos os detalhes necessários ao corte e à costura, incluindo piques e furos de marcações. A riscagem também pode ser feita no computador — para isso, os moldes de toda a grade devem ser digitalizados. Assim, será possível programar o encaixe na tela e, em seguida, imprimi-lo.

Enfesto é o momento no qual as folhas do tecido com a medida final do risco são empilhadas, tantas vezes quantas forem necessárias para completar as quantidades estabelecidas na ordem de corte e programadas durante o encaixe. Sobre o enfesto, então, é colocada a folha de tecido ou papel que contém o risco para que o corte possa ser executado. Nem sempre é possível completar uma ordem de corte inteira com apenas um risco e enfesto. Dependendo das quantidades e do tipo de tecido, é preciso dividir em dois ou mais cortes.

O enfesto pode ser ímpar (simples), quando todas as folhas de tecido são viradas para o mesmo lado; ou par, quando as folhas são intercaladas uma com o direito do tecido para cima e outra para baixo. Nesse último caso, as partes duplas ou pares de um modelo poderão ser riscadas uma só vez. Há ainda a possibilidade de um enfesto em escada, quando uma parte do risco necessita de mais folhas de tecido que o restante.

Nas confecções, o **corte** é feito com uma máquina de corte que pode ser de disco ou faca vertical, cabendo ao cortador determinar o tipo e o tamanho de máquina apropriado para cada tecido. As máquinas de faca vertical geralmente servem para todo tipo de tecido e possibilitam o corte de uma altura maior no enfesto. As de disco são mais indicadas para enfestos menores.

Corte em máquinas computadorizadas

O corte também pode ser feito com máquinas computadorizadas que enfestam e cortam automaticamente a partir do encaixe feito no computador. Dependendo do tipo de máquina, o corte é feito a faca ou a laser.

PROFISSÃO

Cabe ao **riscador** ou **cortador**, como é chamado o profissional que programa o encaixe e corte, a colocação das partes da modelagem nas quantidades e posições corretas, de acordo com as informações anotadas nos moldes pelo modelista e conforme a grade de produção. É ele também que programa o enfesto e opera as máquinas de corte. Existem profissionais especializados nesse serviço; portanto, se uma confecção não tem um setor de corte, pode terceirizar esse trabalho.

Durante o corte, as partes riscadas são contornadas pela máquina e separadas do enfesto, formando blocos de cada parte da roupa. Os piques são feitos com pequenos talhos nas posições marcadas nos moldes, na borda do bloco cortado, e os furos são marcados com um furador manual ou elétrico, que atravessam todas as folhas de tecido.

Para modelos com mais de um material a ser cortado, essas etapas serão repetidas para cada um deles, por exemplo, nas peças que além do tecido principal apresentem forros e entretelas.

Após o corte, é feita a **separação**. Em um primeiro momento, é preciso separar por peça de tecido, pois, se durante o enfesto forem utilizadas diversas peças de tecido, normalmente há uma diferença de tonalidade entre elas, em razão do tingimento. Dessa forma, durante o empilhamento das folhas no enfesto, torna-se necessário

que, ao final de cada rolo de tecido, sejam colocadas faixas de um tecido contrastante atravessadas sobre a pilha, a fim de separar a próxima peça de tecido. Quando separarmos os blocos cortados, será possível distinguir a parte da pilha correspondente às diferentes peças de tecido e não misturá-las entre si. Depois há a separação por tamanho.

Depois de separar as pilhas por tamanho e tonalidade, é necessária a divisão em lotes com determinado número de peças. Esses lotes devem ser identificados por etiquetas e cada um deles deverá ser acrescido de seus aviamentos correspondentes durante a montagem, como etiquetas, zíperes, linhas, etc.

Os separadeiros precisam saber se a costura será feita internamente na confecção ou externamente em facções ou por profissionais de costura terceirizados. Para cada caso, a separação deverá se

PROFISSÃO

É preciso ser atento e concentrado para ser **separadeiro**, afinal, esse profissional tem de montar os kits contendo cada uma das peças de uma determinada roupa, não pode sobrar nem faltar. Além disso, deve ter cuidado para não misturar os tamanhos.

processar de maneira diferente. Caso o serviço seja distribuído para produção externa, será necessário que se produzam protótipos para cada um dos terceirizados, a fim de garantir a qualidade e uniformidade da produção.

Partes que necessitem de processos anteriores à costura, como estampas, bordados localizados, colagem de entretela, entre outros, deverão ser separadas e devidamente identificadas para serem acrescentadas ao lote correto posteriormente.

No caso de a costura ser feita fora da fábrica, os lotes são divididos e o serviço é distribuído para as facções ou profissionais de costura tercerizados, que devem montar e apresentar uma peça antes de levar o serviço. Nesses casos, os lotes são despachados com todas as partes componentes do modelo e voltam com as peças totalmente montadas.

Nesse momento, entram em cena os revisores, responsáveis por conferir cada uma das peças entregues, de modo a garantir a qualidade das peças costuradas fora da fábrica. Internamente, o controle de qualidade é feito pelos supervisores de produção.

COSTURA

Para a etapa de costura, a peça-piloto é analisada e tomada como base para o planejamento da produção das peças, adaptando-se à sequência de montagem e ao maquinário existente na linha de produção. A partir daí, o serviço é dividido e distribuído pelo chefe de produção ou pela pessoa encarregada dessa tarefa.

COMO DETERMINAR O PREÇO DA COSTURA

Para efeito de cálculo de custo, na produção interna, o tempo de máquina deve ser cronometrado na linha de montagem. Já na produção externa, o valor pago por peça determina o custo de produção. Esse valor é calculado por meio da análise da dificuldade da montagem das peças-piloto.

ACABAMENTO E PASSADORIA

Depois de costuradas, as peças seguem para o setor de **acabamento**, a fim de serem finalizadas. Alguns processos são realizados internamente, como casear, mosquear, pregar botões, colocar rebites e ilhoses, etc. Outros, como lavanderia e tinturaria, podem ser feitos externamente. Dependendo do modelo, alguns desses processos precisam ser intercalados com a costura. A seguir se faz a limpeza das peças, quando são cortadas as linhas em excesso e finalizados os demais arremates manuais.

A parte final é a **passadoria**, quando as peças são passadas e dobradas ou colocadas em cabides ou em embalagens, conforme o caso. A passadoria é muito importante para o visual final da peça. O setor de arremate é geralmente responsável pelo **controle de qualidade**, que é feito durante a limpeza e a passadoria das peças.

PROFISSÃO

Os **acabadeiros** são responsáveis pela finalização das peças, o que exige muita atenção e uso de máquinas específicas para cada tarefa. Para trabalhar no setor de acabamento, é preciso ser observador e detalhista.

PROFISSÃO

O trabalho dos **passadeiros** valoriza a costura. Afinal, nada como uma roupa bem passada! É preciso ter resistência para trabalhar por horas e horas de pé e ainda aguentar o peso do ferro e o calor. No dia a dia de uma confecção, os passadeiros também são responsáveis pelo controle de qualidade, separando as peças incompletas ou defeituosas das demais.

ETIQUETAGEM, EMBALAGEM E EXPEDIÇÃO

Uma vez finalizadas, são colocados os *tags* e as etiquetas com preço e código de barra do modelo nas peças. Depois, elas são embaladas e encaminhadas para a expedição, seguindo caminho até chegarem ao consumidor final.

PROFISSÃO

Auxiliares de serviços gerais, estoquistas e **equipes de logística de distribuição** não participam diretamente da confecção das roupas, mas são fundamentais para que a produção tenha agilidade e para que o produto final chegue às mãos do consumidor.

A organização desses serviços depende do tamanho e da forma de gestão de cada empresa, mas, em geral, as atividades incluem recebimento e armazenagem dos tecidos e aviamentos, controle e movimentação do estoque e entregas. Os profissionais dessa área devem ser ativos, conhecer a dinâmica da produção e ter capacidade de antever problemas.

Capítulo 3

Entre tecidos, linhas e agulhas: o dia a dia do profissional de costura

Costuma-se idealizar o mundo da moda, as vitrines das lojas de grife, os desfiles nas passarelas, os ateliês vistos nos filmes, o charme dos lugares e dos estilistas envolvidos com a alta costura. Mas a realidade das confecções é bem diferente e pode decepcionar em um primeiro momento: o ambiente profissional de quem trabalha com costura é simples e essencialmente prático.

Ao entrar em uma confecção, pode-se ter a impressão de uma grande bagunça. Isso acontece porque o profissional de costura precisa ter tudo ao alcance das mãos, por isso vive rodeado de tecidos, aviamentos e equipamentos. Mas não se deixe impressionar, a bagunça é apenas aparente. Na verdade, tudo está arrumado de acordo com a necessidade do trabalho, e não como nas revistas de decoração.

É esse ambiente que apresentaremos agora, com suas máquinas de costura, tecidos, linhas, agulhas e alfinetes. Seja bem-vindo!

TECIDOS

De modo geral, podemos dizer que existem basicamente dois tipos de tecidos: o tecido plano e a malha. Neste livro, trataremos especificamente de técnicas de confecção em tecido plano, que são aqueles feitos do entrelaçamento dos fios em duas direções, cruzados em ângulo reto. Os fios no sentido comprimento são chamados de urdume e os fios no sentido da largura são chamados de trama.

Os tecidos de malha são produzidos com os fios sempre no mesmo sentido. Nas malhas por trama, os fios entrelaçam-se no sentido da largura, como no caso da meia malha. Já nas malhas por urdimento, os fios entrelaçam-se no sentido do comprimento – o tule é um exemplo disso.

Os tecidos planos não têm a mesma elasticidade das malhas, devido ao tipo de entrelaçamento. Mas é possível obter elasticidade nos tecidos planos com o uso de fibras elásticas, como o elastano, em sua composição.

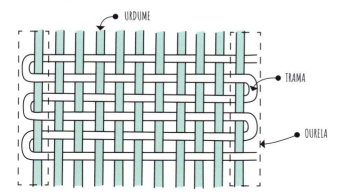

Tecido plano

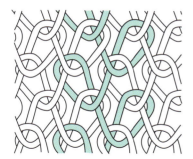

Malha por urdimento

Malha por trama

Os tecidos podem ser feitos com fibras naturais, artificiais ou sintéticas.

Tecidos de fibras naturais: são obtidos das fibras de origem vegetal, animal ou mineral encontradas na natureza, como o algodão, o linho, a lã e a seda.

Tecidos de fibras artificiais: utilizam material natural processado quimicamente na produção da fibra. O exemplo mais conhecido é a viscose, obtida pela transformação da celulose, que é natural, por meio de processo químico.

Tecidos sintéticos: são feitos de fibras obtidas em processos químicos que utilizam preponderantemente o petróleo, como a poliamida e o poliéster.

Tecidos mistos: misturam em sua composição fibras naturais, sintéticas e/ou artificiais.

LÃ, LINHO, ALGODÃO E SEDA: OS TECIDOS QUE CONTAM HISTÓRIA

Não é exagero dizer que podemos entender a história da civilização observando como o ser humano cobre o seu corpo desde o tempo em que vivia em cavernas. Nos locais mais frios do planeta, as peles dos animais caçados eram usadas como proteção. Como ainda não havia teares, as peles eram molhadas, batidas e compactadas, formando uma espécie de feltro, que tanto servia para enrolar o corpo como para forrar o chão e as paredes. Muito cedo, os antigos aprenderam as vantagens de criar e tosquiar animais. E a lã passou a ser tecida e a fornecer agasalho para a maioria dos povos da Antiguidade.

Os antigos egípcios preferiam o linho, que era cultivado às margens do principal rio do país, o Nilo. Com essa fibra, faziam as vestes dos faraós e das rainhas e também envolviam os corpos dos mortos mais ilustres.

O algodão foi descoberto nas regiões onde hoje estão a Índia e o Paquistão. Sua importância foi tão grande que ele era chamado de ouro branco ou lã de árvore. Os índios da América também conheciam o algodão antes da chegada dos colonizadores. No Brasil, a primeira peça tecida de que se tem notícia é a rede de algodão, feita de modo rústico pelos índios antes de conhecerem o tear.

Veio da China o tecido mais fino de todos: a seda, objeto de desejo de nobres de todos os cantos do mundo. Mantendo segredo sobre sua origem, os chineses foram durante séculos os únicos fornecedores desse tecido, o que forçou os comerciantes do mundo antigo a realizarem longas viagens entre o Ocidente e o Oriente, no percurso conhecido como Rota da Seda.

Mas nem só de tecidos se cobriam os povos antigos. Os habitantes das regiões mais quentes usavam folhas, fibras vegetais, penas, sementes, miçangas e corantes sobre seus corpos. Não estavam se protegendo do frio, mas enfeitando-se. Afinal, a vaidade é tão antiga quanto o próprio ser humano.

Indústria têxtil e meio ambiente

Antes de chegar às suas mãos, qualquer tecido contribuiu em algum momento para a degradação do meio ambiente. Veja o caso do jeans, por exemplo. Sua origem está nas plantações extensivas de algodão que recebem grandes quantidades de pesticidas e agrotóxicos. Depois de colhido, fiado e transformado em tecido, vai ser tingido por meio de processos industriais, demandando enormes quantidades de água e corantes, que acabam poluindo córregos e rios. E, quando um dia for descartado, levará cerca de dez anos para ser decomposto pela natureza. Caso o tecido não seja 100% natural, esse tempo pode chegar a cem anos.

Por isso, fique alerta. Jogar sobras de tecidos em aterros sanitários é prejuízo certo para o meio ambiente e também para o seu bolso. É possível evitar o desperdício investindo em sistemas de encaixe e corte mais inteligentes, que aproveitem o máximo do tecido. Mas, como sempre haverá alguma sobra, pense em reaproveitar os retalhos confeccionando peças artesanais, como bolsas de patchwork, embalagens para seus produtos, forro para caixas, peças de bijuteria ou o que a sua imaginação inventar. Se nada disso puder ser feito, a solução pode ser vender ou doar as sobras de sua produção para associações que trabalhem com reciclagem.

MÁQUINAS DE COSTURA

Desde que foi inventada, há quase dois séculos, a máquina de costura tem sido a grande facilitadora das tarefas de profissionais de costura e alfaiates. Por isso ela é sempre a peça mais importante em qualquer ambiente de trabalho, seja um pequeno ateliê, seja uma grande confecção.

Atualmente, existem máquinas para quase todas as etapas de confecção e, com certeza, marcas e modelos diversos oferecidos no mercado. Dependendo do porte da empresa na qual trabalhe, pode haver um conjunto variado delas. Neste livro, optamos por mostrar o tipo de costura de algumas das máquinas mais utilizadas em confecções. Mas, se você quiser conhecê-las melhor, faça uma pesquisa de imagem na internet ou aproveite para visitar uma confecção. Veja as ilustrações a seguir.

Máquinas geralmente utilizadas nas confecções e seus pontos de costura correspondentes

Cuidados com sua segurança

Saber manusear a máquina de costura é requisito básico para ser bem-sucedido na profissão. Mas é preciso atenção para evitar acidentes. Por medida de segurança, o profissional de costura deve usar calças compridas e sapatos fechados para proteger pernas e pés. Além disso, não deve usar pulseiras, anéis ou outros acessórios quando trabalha para evitar que eles se prendam nas partes da máquina de costura. Pelo mesmo motivo, recomenda-se que os cabelos longos sejam presos.

Outras máquinas importantes e seus pontos de costura correspondentes

Overloque 5 fios
(ou interloque)

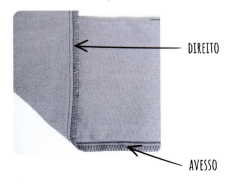

DIREITO

AVESSO

Pesponto duplo fixo ou alternado

Pesponto duplo fixo

Pesponto duplo alternado

Reta refiladeira

De braço (para costura inglesa ou de encaixe)

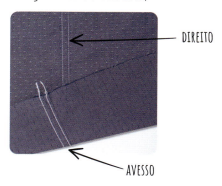

DIREITO

AVESSO

Mosqueadeira (ou de travete)

Caseadeira

Caseadeira
de casa de olho

Pregadeira de botões
(ou botoneira)

Agulhas

As agulhas de máquina são um capítulo à parte na vida do profissional de costura. É preciso escolher a agulha certa para cada tipo de tecido e de máquina. Uma agulha errada pode estragar o tecido com o qual se está trabalhando e até mesmo danificar sua máquina. E a agulha certa valorizará seu trabalho. Então, esse é um assunto que merece atenção!

TIPOS DE AGULHA

O que diferencia as agulhas é a ponta. Há três tipos principais, como descrito a seguir.

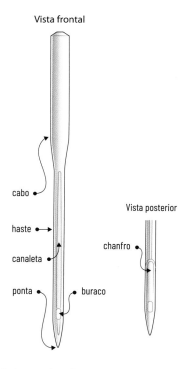

As principais partes da agulha.

Tipos de agulha e suas características

Ponta fina

As agulhas de ponta fina são as mais comuns, podem ser usadas em todos os tipos de tecido.

Ponta arredondada

As agulhas de ponta bola ou arredondada são indicadas para costurar malha, pois não rompem os fios de elastano. Também podem ser utilizadas em tecidos finos e delicados.

Ponta facetada

As agulhas de ponta facetada são usadas para costurar couro e materiais vinílicos.

Além dessas, temos outros tipos de agulhas que são usadas para trabalhos específicos. São elas:

Agulhas de ponta universal: têm a ponta levemente arredondada, mais do que a ponta fina e menos do que a ponta bola. Apresentam a vantagem de serem utilizadas em malha ou tecido plano.

Agulhas de bordado: são indicadas para bordados decorativos, pois têm o buraco maior para passar as linhas de bordado, que são mais grossas do que as comuns.

Agulhas de acolchoado: apesar de menor que as outras, são agulhas mais fortes; servem para costuras reforçadas, em muitas camadas de tecido.

Agulhas de pesponto: assim como as de bordado, têm o buraco um pouco mais comprido do que o normal para passar a linha de pesponto, que é mais grossa do que as demais.

Agulhas para jeans: têm a canaleta mais funda e a ponta afilada para facilitar a entrada da linha no tecido grosso.

TAMANHOS DE AGULHAS

As agulhas apresentam uma numeração que está relacionada a sua espessura. A mais fina é a de nº 9 e a mais grossa, a de nº 18; quanto mais leve o tecido, mais fina deve ser a agulha. As informações a seguir ajudarão você a fazer as melhores opções:

TECIDO MAIS ADEQUADO PARA CADA TIPO DE AGULHA

Agulha nº 9
Tecidos delicados: seda, chiffon, tule, renda, organza, voil.

Agulha nº 11
Tecidos leves: cetim, shantung, crepe georgette, tafetá, chamois, tricoline, malhas mais finas (ponta bola).

Agulha nº 14
Tecidos médios: linho, musseline, piquê, malhas, jersey ou malhas (ponta bola).

Agulha nº 16
Tecidos médios a pesados: gabardine, tweed, brim, cotelê.

Agulha nº 18
Tecidos pesados: jeans, tecidos para estofados, lona.

Regulagem de ponto

Para aprender a regular o ponto, primeiramente temos de entender que ele é resultado do entrelaçamento das linhas. Na máquina reta ponto fixo, teremos duas linhas: uma na agulha e outra na bobina. Na máquina overloque três fios, as três linhas estarão dispostas na parte externa da máquina: uma passando pela agulha e as outras duas, pelos loopers ou laçadores.

Tanto na máquina reta ponto fixo quanto na overloque, as linhas devem manter um equilíbrio de tensão para que o ponto fique bem formado. Caberá ao profissional de costura fazer essa regulagem, evitando que a costura fique franzida, que a linha arrebente, que o ponto fique frouxo ou apertado demais. Isso requer um pouco de treino. Vale a pena gastar um tempo testando a costura em alguns retalhos.

Máquina reta ponto fixo

1. O fio da agulha está muito esticado e o fio da bobina aparece do lado de cima da costura.

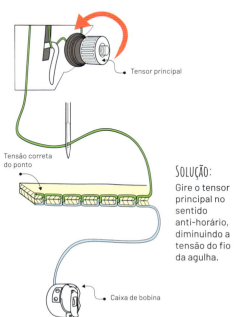

Solução: Gire o tensor principal no sentido anti-horário, diminuindo a tensão do fio da agulha.

2. O fio da agulha está frouxo e aparece no lado de baixo da costura.

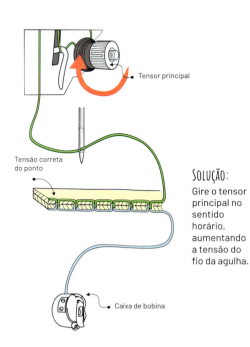

Solução: Gire o tensor principal no sentido horário, aumentando a tensão do fio da agulha.

3. O fio da bobina está frouxo e aparece no lado de cima da costura.

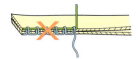

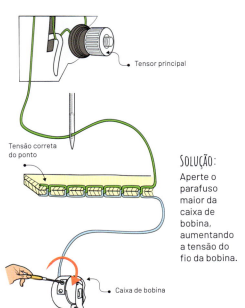

Tensor principal

Tensão correta do ponto

Solução:
Aperte o parafuso maior da caixa de bobina, aumentando a tensão do fio da bobina.

Caixa de bobina

4. O fio da bobina está muito esticado e o fio da agulha aparece no lado de baixo da costura.

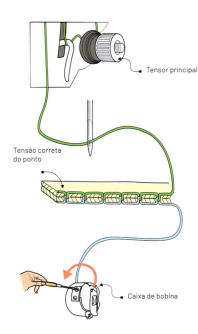

Tensor principal

Tensão correta do ponto

Solução:
Afrouxe o parafuso maior da caixa de bobina, diminuindo a tensão do fio da bobina.

Caixa de bobina

Overloque 3 fios

Regulagem da tensão dos fios (overloque 3 fios)

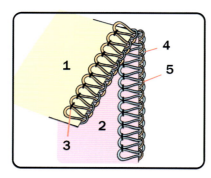

A figura à esquerda mostra o ponto do overloque com a regulagem correta.

1. Avesso do tecido
2. Direito do tecido
3. Fio da agulha
4. Fio do looper superior
5. Fio do looper inferior

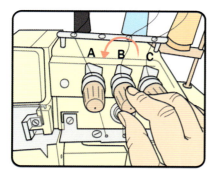

Para folgar os pontos, gire no sentido anti-horário.

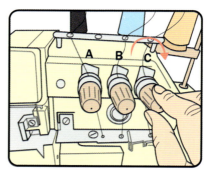

Tensor A controla o fio da agulha

Tensor B controla o fio do looper superior

Tensor C controla o fio do looper inferior

Para apertar os pontos, gire no sentido horário.

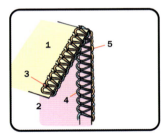 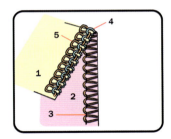 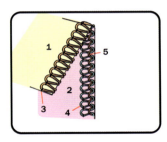

1. A tensão do fio da agulha está muito frouxa.

Solução: girar o tensor A no sentido horário.

2. A tensão do fio do looper inferior está muito apertada e/ou a tensão do fio do looper superior está frouxa.

Solução: girar o tensor C no sentido anti-horário e/ou o tensor B no sentido horário.

3. A tensão do fio do looper superior está muito apertada e/ou a tensão do fio do looper inferior está muito frouxa.

Solução: girar o tensor B no sentido anti-horário e/ou o tensor C no sentido horário.

Em geral, na máquina overloque usa-se uma linha passando na agulha e fios de poliéster para alimentar os loopers. Isso acontece por medida de economia, uma vez que os fios de poliéster são mais baratos e muito consumidos durante a costura. Mas, nada impede que se trabalhe com três linhas.

E lembre-se:

- Mantenha sua máquina limpa e lubrificada.
- Verifique periodicamente se a lançadeira tem linhas enroladas, principalmente no local da caixa de bobina.
- Use sempre agulhas próprias para sua máquina e para o serviço que vai fazer.
- Não utilize bobinas com bordas empenadas ou arranhadas.

INSTRUMENTOS E ACESSÓRIOS BÁSICOS

Para que o ambiente de trabalho de costura seja funcional e prático, todos os materiais e instrumentos devem estar sempre à mão. Por isso, na hora de organizar seu espaço de trabalho, lembre-se de reservar um lugar para a tábua de passar, a mesa de apoio (ou bancada), a cadeira giratória e com rodinhas (para se movimentar entre as máquinas), as caixas ou os engradados (para organizar o serviço) e as prateleiras ou os armários para colocar linhas e apetrechos.

Além desses materiais, mantenha sempre ao seu alcance os seguintes instrumentos e acessórios básicos de costura:

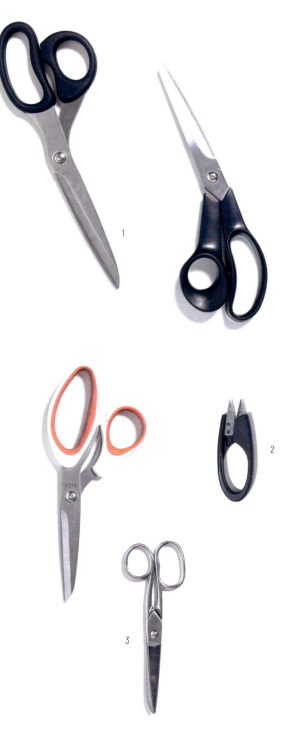

58 | COSTURAR E EMPREENDER

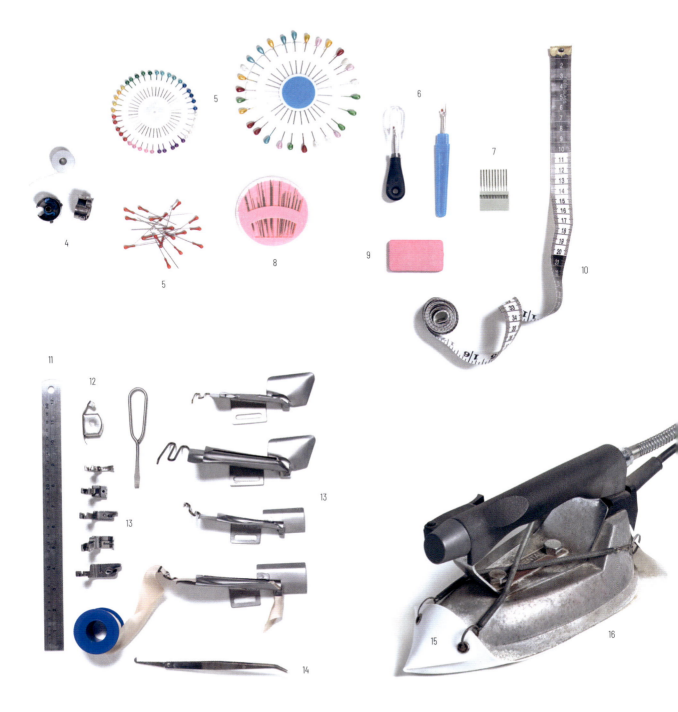

1. tesoura para cortar tecido (grande); 2. tesoura para arremate; 3. tesoura média para usar na máquina durante a costura; 4. bobinas e caixas de bobina; 5. alfinetes; 6. abridor de casas; 7. agulhas sobressalentes; 8. agulhas de mão; 9. giz de alfaiate ou lápis para tecido em cores variadas; 10. fita métrica; 11. régua; 12. guia magnético de margens de costura; 13. aparelhos e calcadores para operações específicas; 14. pinça; 15. sapata antibrilho para o ferro de passar; 16. ferro de passar industrial, de preferência a vapor.

ENTRE TECIDOS, LINHAS E AGULHAS: O DIA A DIA DO PROFISSIONAL DE COSTURA

Capítulo 4

Costura

COMO VAMOS TRABALHAR

Quem vê uma roupa pronta não faz ideia do trabalho que há por trás disso, nem de todos os detalhes envolvidos na confecção de cada peça. Inicialmente, o profissional de costura precisa saber que ponto deve ser usado, se a costura do gancho será reforçada e se é melhor usar pesponto duplo ou simples. Pensando nisso, selecionamos os principais tipos de costura utilizados na confecção de roupas femininas e masculinas e criamos cinco peças – uma saia, um vestido, uma blusa, uma calça e uma camisa – para mostrar quando e como adotar cada técnica.

Aprenderemos desde as costuras mais simples, como a reta, até as mais complicadas, como a costura de encaixe. Descreveremos toda a montagem passo a passo com o auxílio de fotos, de modo que, ao executar essas peças, você aprenda as principais técnicas de costura e possa usá-las em qualquer trabalho daqui para a frente.

A realidade de uma fábrica ou confecção é um pouco diferente, porque a necessidade de produção em série faz com que os processos sejam simplificados e agilizados. Neste livro, como o objetivo é o aprendizado, usaremos alguns recursos que podem não ser comuns no dia a dia de trabalho, mas que ajudarão você a entender melhor a montagem das roupas:

- Usaremos tecidos com o avesso e o direito diferentes, para que você possa identificar de que lado estamos trabalhando.
- Sugerimos alfinetar algumas peças para ajudá-lo a "pegar o jeito". Quando adquirir prática, não precisará mais fazer isso.
- Destacaremos as linhas para criar maior contraste e facilitar a visualização das costuras.
- Usaremos setas para indicar a direção das costuras.

- Ampliaremos os detalhes para que você possa visualizá-los melhor.
- Usaremos forro de cor diferente, a fim de que ele se destaque da peça principal.
- Apresentaremos sempre um lado da peça, que deverá ser replicado quando for o caso.

Partimos das peças já cortadas, pois essa é a forma como, em geral, as confecções distribuem o serviço. O profissional de costura que trabalha para uma confecção raramente precisará lidar com moldes e corte das peças, pois receberá as partes da roupa já cortadas para uni-las por meio de costuras e/ou simplesmente fazer o acabamento.

Atualmente, existem no mercado máquinas de costura específicas para cada etapa da produção. Pode-se usar uma máquina para pregar bolsos, outra para costurar o colarinho e uma terceira para fechar as laterais. O uso dessas máquinas facilita o trabalho dos profissionais de costura. Neste livro, optamos por fazer toda a montagem das peças com uma máquina reta ponto fixo e uma máquina overloque industriais, que são as máquinas principais para costura em tecido plano. Todos aqueles que tenham a intenção de prestar serviço para a indústria devem ter em casa essas duas máquinas, pois com elas é feita a maior parte dos serviços de costura. Aprendendo a usar essas máquinas, você estará pronto para o que der e vier.

Como dissemos no início do livro, existem várias formas de fazer uma peça de roupa. O caminho que tomamos aqui foi o que achamos mais simples para apresentar as técnicas adotadas. Se você entender como se faz a montagem de uma peça e quais são os tipos de costura mais indicados para cada momento, não terá dificuldade de se adaptar às diferentes situações de trabalho e às máquinas disponíveis no mercado. Com a prática, você não precisará dos recursos sugeridos e poderá desenvolver sua própria forma de trabalhar.

Começaremos mostrando as técnicas de costura e os detalhes da montagem. Em seguida, passaremos ao padrão de medidas adotado no livro. Depois disso, você verá como fazer cinco peças: um vestido, uma saia, uma blusa, uma calça e, por fim, uma camisa. Em cada caso, apresentaremos a descrição da peça, suas partes componentes, os equipamentos e materiais necessários à sua confecção, a sequência operacional por nós definida e o passo a passo para confeccioná-las.

Nota: No passo a passo das peças, quando nos referirmos ao lado esquerdo, trata-se do lado esquerdo das peças no corpo.

TÉCNICAS DE COSTURAS E DETALHES DE PROCESSOS

Aplicação de entretelas termocolantes

A entretela serve para reforçar, encorpar ou endurecer o tecido. Para entretelas mais grossas, como punho e colarinho da camisa masculina, deve-se deixar uma margem para as costuras. As entretelas mais finas podem ser cortadas do mesmo tamanho que o tecido.

Nas peças que criamos, temos entretelas nos punhos da blusa e nos punhos e colarinho da camisa masculina, por exemplo.

COMO FAZER

Coloque a entretela com o lado adesivo voltado para o avesso do tecido e pressione o ferro de passar sobre ela, permanecendo alguns segundos para o adesivo se fixar inteiramente no tecido. A temperatura do ferro e o tempo de pressão podem variar de acordo com o tipo de entretela e de tecido, por isso recomenda-se testar previamente em pequenos retalhos. Nas indústrias, a fixação da entretela é feita em uma prensa que fusiona várias peças simultaneamente.

Aplicação de entretela com margem de costura (esquerda) e sem margem de costura (direita).

64 | COSTURAR E EMPREENDER

Retrocesso

Funciona como um arremate, na máquina reta ponto fixo, para evitar que as costuras se desfaçam. Não é preciso fazer muitos pontos; três ou quatro pontinhos são suficientes para fixar a costura e fazer um acabamento delicado. É fundamental que ele seja feito sempre em todas as costuras, para que elas não desmanchem durante a montagem ou depois que a roupa estiver pronta. O resultado final é uma costura tripla, pois a costura deve retroceder e, em seguida, voltar para a frente.

COMO FAZER

No início ou no final da costura, já próximo à borda do tecido, aperte a alavanca de retrocesso da máquina. A agulha voltará para trás, passando por cima dos pontos existentes. Quando tiver voltado, solte a alavanca para dar novos pontos para frente, por cima da costura.

Alavanca de retrocesso da máquina.

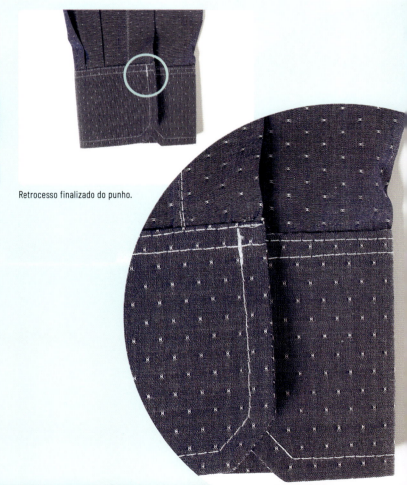

Retrocesso finalizado do punho.

Costura reta aberta e chuleada

A costura reta aberta e chuleada é usada em quase todas as roupas. É a forma mais simples de unir duas partes de tecido. Chuleiam-se as bordas de cada parte do tecido para evitar que ele desfie. Em seguida, passa-se a costura próximo à borda do tecido. A distância mais comum é de 1 cm. Essa técnica foi usada no centro das costas da saia e do vestido.

Nas costuras embutidas, como as que fizemos nos ombros e na junção da gola com o decote do vestido, por exemplo, não é necessário chulear no overloque, porque, como as bordas ficam embutidas, não correm o risco de desfiar.

COMO FAZER

Primeiramente chuleie as bordas das peças para que o tecido não desfie. Para isso, basta passar as bordas na máquina overloque 3 fios. Em seguida, passe uma costura na máquina reta ponto fixo para unir as partes do tecido.

Costura reta aberta e chuleada do vestido.

Costura reta fechada e chuleada

Usamos essa técnica para costuras mais brutas, quando estamos trabalhando com várias camadas de tecido ou quando queremos facilitar o processo, sem perda de qualidade.

Vemos esse tipo de costura nas laterais da saia, unindo os tecidos dos fundos dos bolsos às laterais; e na calça, no fechamento das entrepernas. Essa operação pode ser feita de uma só vez com uma máquina overloque 5 fios ou interloque.

COMO FAZER

Passe uma costura na máquina reta ponto fixo para unir os tecidos. Em seguida, chuleie as bordas juntas.

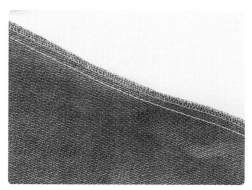

Costura reta fechada e chuleada da calça.

Costura francesa

A costura francesa é usada em tecidos finos e delicados, especialmente quando são transparentes e o acabamento interno das costuras se torna visível no lado de fora da peça.

Na blusa, temos costura francesa nas laterais do corpo, nas laterais da basque, no fechamento das laterais das mangas, na união da basque com o corpo e na união das duas partes do babado do decote.

COMO FAZER

Passe uma costura pelo lado direito do tecido, deixando menos de 0,5 cm de margem. Em seguida, apare os excessos de tecidos e linhas. Vire a peça pelo avesso e passe nova costura a 0,5 cm da margem, ou menos, de acordo com o tipo de tecido utilizado.

Costura francesa, 1ª etapa: costura pelo direito.

Costura francesa, 2ª etapa: costura pelo avesso.

Aparando as margens.

Costura francesa pronta.

Costura de pences

A pence é um recurso usado para ajustar melhor o tecido nas curvas do corpo. Serve para "marcar" a cintura, mas pode ser usada em outras partes da roupa, como no busto, por exemplo. A costura de pence engana: parece fácil de fazer, mas exige alguns cuidados.

Usamos pence no ombro do vestido, na cintura da saia e nas costas na blusa.

COMO FAZER

As marcações das pences já vêm sinalizadas na peça, por meio de piques e furos. O segredo está na hora de costurar. Essa costura deve ser feita da base da peça para a ponta da pence. Deve-se tomar cuidado para o ângulo não ficar muito aberto. A costura deve ir morrendo suavemente. Lembre-se de fazer o retrocesso no início e no fim da pence.

Marcando a pence na saia.

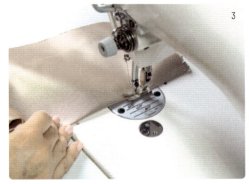

Finalizando a costura.

Costurando a pence na saia, com a marcação do alfinete.

Pence da saia pronta.

COSTURA | 69

Costura de encaixe

Apesar de hoje a costura de encaixe ser amplamente utilizada na confecção de roupa feminina, tradicionalmente ela é usada na roupa masculina. É um tipo de costura reforçada e dá um aspecto elegante à roupa.

Nas peças apresentadas no livro, temos costura de encaixe nas laterais do corpo e no fechamento das mangas da camisa masculina.

COMO FAZER

Coloque a frente com o direito para baixo e as costas com o direito para cima. Puxe o tecido das costas 0,5 cm para dentro para descasar as bordas. Passe uma costura de ½ pé calcador, comumente chamado de sapatilha, no tecido das costas. Em seguida, dobre o tecido da frente sobre o das costas, abra os tecidos e pesponte com 0,2 cm de largura da dobra.

Costura de encaixe, primeira costura da camisa na máquina.

Primeira costura pronta.

Dobra para a segunda costura.

Segunda costura na máquina.

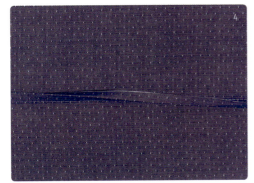
Tecido aberto.

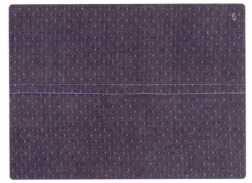
Costura de encaixe finalizada.

Costura de ½ pé calcador

Trata-se de uma costura reta, na qual você usará a largura de um dos lados do pé calcador da máquina como guia para fazer a costura. Por isso, costuma-se dizer "distância de ½ pé calcador" ou "½ sapatilha", como também é chamado o calcador. É usada, em geral, para marcar a distância entre uma linha de pesponto e a outra, ao se fazer um pesponto duplo.

Nas peças que criamos, essa largura de costura foi usada nas costuras francesas.

COMO FAZER

Coloque os tecidos na máquina e posicione o calcador na borda do tecido para guiar a costura. Essa largura de costura muitas vezes é chamada de "uma sapatilha", mas na verdade estamos falando de ½ sapatilha ou ½ pé calcador.

Costura de ½ pé calcador.

Franzido

Técnica utilizada para dar volume ao tecido. Pode ser feita na borda da peça ou no centro. Não confunda franzido com embebido. Embeber é fazer um leve franzido com o objetivo de reduzir uma peça para facilitar seu encaixe. Ele é bastante utilizado nas cabeças de mangas, quando se deseja criar um formato arredondado, sem ser franzido. Também pode ser usado para evitar que uma peça cortada no fio enviesado cresça. O embebido, depois de pronto, deve ser imperceptível. Já o franzido deve ficar evidente.

Nas peças criadas, temos franzido na cabeça e na barra da manga.

COMO FAZER

Faça duas costuras paralelas com pontos largos, sem retrocessos, no lado direito do tecido, deixando fios de linhas compridos no início e no final das costuras. Puxe os fios soltos pelo avesso para franzir, primeiramente de um lado e depois do outro. Os dois fios de cada lado devem ser puxados ao mesmo tempo para fazer o franzido. Franza até ficar com a medida programada na modelagem.

Manga aberta com duas costuras nas cabeças e duas costuras na barra, para franzir.

Manga franzida.

Pesponto

Serve para fixar e dar acabamento às costuras. Pode ser usado para reforçar uma costura existente ou apenas decorar uma parte da roupa. Temos vários tipos de pespontos: os que ficam aparentes, como os pespontos simples ou duplos; os pespontos internos, que servem para prender a limpeza no tecido; e os pespontos invisíveis, usados quando é preciso fixar uma costura sem que o pesponto sobressaia na peça. Como uma de suas funções é dar o acabamento e elegância à roupa, o pesponto deve ser sempre uniforme.

Temos pesponto em diferentes lugares das peças. O pesponto invisível pode ser notado na costura que une o corpo da saia ao cós e no viés da barra da manga do vestido. O pesponto interno está na limpeza do cós da saia e no contorno do decote e das cavas do vestido. Nos ganchos e na pala da calça, há pespontos duplos. Já na lateral da calça e na pala da camisa, vemos o pesponto de 0,2 cm. O de ½ pé calcador aparece na gola e nos punhos da camisa masculina.

COMO FAZER

Normalmente o pesponto segue uma dobra ou uma costura já feita. Posicione o calcador com a largura desejada e siga a direção da costura ou da dobra já feita que ele deve contornar. Assim, como em outros tipos de costura, o pé calcador pode ser usado para determinar a largura do pesponto. Você pode posicioná-lo no encaixe dos tecidos para ajudar a costurar. É possível fazer o pesponto com linha comum, mas existem linhas específicas para pesponto. Por serem mais grossas, elas aparecem mais no tecido, dando melhor resultado.

Tipos de pesponto

Pesponto de 0,2 cm

Pesponto de 0,2 cm finalizado.

Pesponto de ½ pé calcador

Pesponto de ½ pé calcador finalizado.

Pesponto duplo

Pesponto duplo finalizado.

Pesponto interno

Pesponto interno finalizado.

Pesponto invisível ou morto

Pesponto invisível na manga.

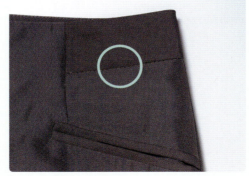

Pesponto invisível na saia.

Bainha

Em geral, a bainha dá acabamento à parte inferior da roupa, mas também se aplica a mangas e outras bordas. Há várias formas de fazer bainha, dependendo do tipo de tecido utilizado e do efeito que se deseja. Para um acabamento discreto e delicado em tecidos finos ou transparentes, use uma bainha de lenço. Se não quiser pesponto aparente na peça, o mais indicado é fazer uma bainha invisível.

Nas peças que criamos, vemos bainha de lenço na borda do babado e na barra da basque; bainha pespontada com duas dobras na calça e na camisa masculina; e o vestido e a saia ganharam bainha invisível.

BAINHA PESPONTADA DUAS DOBRAS

Avesso da calça

Direito da calça

Faça uma dobra e vinque no ferro. Em seguida, faça uma segunda dobra e pesponte junto à dobra.

BAINHA PESPONTADA COM OVERLOQUE

Avesso da calça

Direito da calça

Passe a borda do tecido na máquina overloque. Depois, faça uma dobra, vinque no ferro e pesponte sobre o overloque.

BAINHA DE LENÇO

Dobre a borda do tecido uma vez com largura inferior a 0,5 cm e pesponte.

A bainha de lenço pronta (direito) deve ficar conforme mostra a foto.

Apare o excesso de tecido e os fios que sobraram além do pesponte.

Existem pés calcadores apropriados para bainhas de lenço. Eles são de grande utilidade, pois possibilitam a execução em uma só operação e, dessa forma, agilizam a produção. Mas são indicados apenas para bainhas no fio reto. Para costuras em curva, como no caso do babado, não produzem bom resultado, sendo aconselhável fazer a bainha em duas operações.

Fazendo a bainha de lenço com pé calcador específico.

Dobre uma segunda vez, com a menor largura possível e pesponte.

COSTURA | 77

BAINHA INVISÍVEL

Dobre o tecido na largura escolhida para a bainha e faça pontos à mão, prendendo a borda do tecido ao avesso da peça. Os pontos devem ser feitos de forma que peguem somente um fio do tecido, para que não apareçam no lado direito da peça.

A bainha invisível pode ser feita manualmente, mas na indústria há máquinas apropriadas para esse fim.

Acabamento com viés

O viés é uma tira, cortada na diagonal do tecido, ideal para dar acabamento às extremidades da roupa, principalmente no caso de formas curvas. Ele pode ser comprado já dobrado ou pode-se cortar uma tira e vincar as dobras no ferro. Sua aplicação é feita com uma costura pelo direito e outra pelo avesso ou vice-versa. Pode-se utilizar um aparelho para fazer acabamento com viés em bordas de cavas ou decotes, por exemplo, sempre que se deseje deixar o viés aparente.

Vemos esse tipo de acabamento nas cavas e no decote da blusa.

COMO PREGAR VIÉS NA MÁQUINA
A aplicação deve ser feita em duas etapas: primeiro deve-se pregar o viés na peça e depois pespontar, embutindo-se a margem de costura. No caso de tecidos finos, você pode aplicar o viés dobrado e depois fazer a dobra para embutir a costura.

VIÉS APLICADO NO DECOTE DA BLUSA

Primeira costura.

Segunda costura.

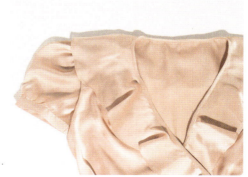
Finalizado.

COMO PREGAR VIÉS USANDO O APARELHO

Para que o aparelho funcione corretamente, o viés tem de ser cortado na largura exata da entrada do aparelho e com o fio em ângulo de 45 graus em relação ao fio do tecido. Coloque o aparelho na máquina e passe o viés cortado na largura da entrada do aparelho até o viés sair dobrado na sua extremidade que fica próxima ao pé calcador da máquina. Posicione a borda do tecido na qual será aplicado o viés entre as dobras produzidas pelo aparelho e costure normalmente, guiando o tecido para permanecer sempre entre as dobras do viés.

Aplicando o viés com aparelho na blusa cava.

Peça finalizada.

Colocação de zíper invisível

Usamos o zíper invisível sempre que desejamos disfarçar o local de fechamento da roupa.

Nas peças selecionadas, temos zíper nas costas da saia e do vestido.

COMO FAZER

Feche a parte de baixo da peça até o ponto em que o zíper será fixado, com uma costura de 1 cm. Abra as costuras no ferro. A abertura na qual vai entrar o zíper deve ser aproximadamente 2 cm menor do que o tamanho do zíper, que ficará sobrando para dentro, na parte inferior. Feche a parte superior da abertura do zíper com uma costura de 1 cm de largura (com pontos largos, para funcionar como um alinhavo). Observe o casamento de costuras nos dois lados, caso haja algum recorte como gola, cós ou pala.

Fixe o zíper invisível na abertura com costuras próximas às bordas.

Costura do zíper na máquina.

Em seguida, desmanche a costura de alinhavo.

Fechamento do zíper da saia.

Zíper preso à saia.

Abra o zíper até o final e coloque o puxador para dentro das costuras. Finalize a colocação do zíper utilizando um calcador próprio para zíper invisível de um lado e depois do outro.

Libere o puxador que ficou acomodado no final do zíper e certifique-se de que ele está abrindo e fechando com facilidade.

Costura definitiva na máquina.

Saia pronta.

Guia magnético

O guia magnético é um grande aliado de quem costura. Ele ajuda a manter a costura sempre à mesma distância da borda. É uma peça de metal (com imã) que deve ser colocada na máquina de acordo com a distância programada para a costura, medida a partir da agulha.

Costura com guia magnético.

Entenda as medidas

1 metro = 100 cm
0,5 metro = 50 cm
0,1 m = 10 cm
1 cm = 10 mm
0,5 cm = 5 mm
0,1 cm = 1 mm

ROUPA FEMININA
Blusa

DESCRIÇÃO

Blusa cache-coeur com babado godê no decote, pala dupla na frente com recorte franzido embutido, mangas bufantes com punho, basque e faixas para amarrar na cintura. Modelo em tecido delicado.

BLUSA

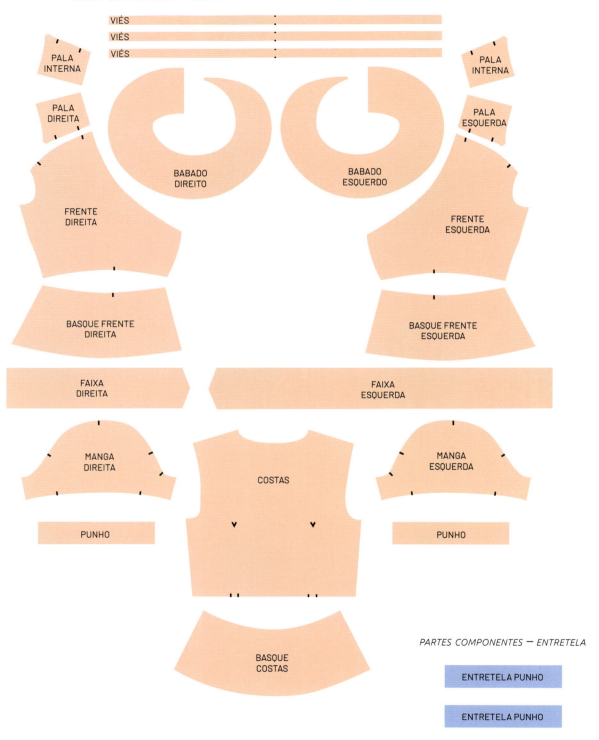

BLUSA

EQUIPAMENTOS E MATERIAIS NECESSÁRIOS

- Máquina reta ponto fixo
- Aparelho para viés de 30 mm de largura
- Agulha fina (nº 9 ou nº 11) ponta fina ou universal
- Linha mista de algodão e poliéster (120)

SEQUÊNCIA OPERACIONAL

- Preparar os punhos
- Preparar as mangas
- Unir os punhos com as mangas
- Preparar o babado
- Preparar a basque
- Preparar as faixas
- Preparar as costas
- Preparar as frentes
- Pregar as palas
- Unir os ombros
- Pregar o babado no decote
- Fechar as laterais
- Pregar a basque
- Pregar as faixas
- Pregar as mangas
- Arrematar e passar

Atenção: lembre-se de que apresentaremos apenas um lado da peça. O outro lado deve ser feito da mesma maneira.

BLUSA

PASSO A PASSO

PREPARAR OS PUNHOS

Fusione a entretela no punho pelo avesso do tecido.

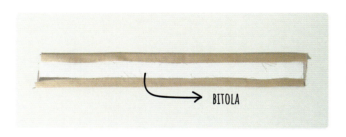

Dobre 1 cm de cada lado no sentido comprimento, utilizando uma bitola (ou gabarito). Para marcar as margens de costura, passe a ferro.

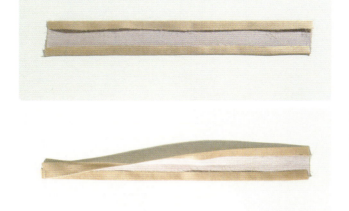

Dobre os punhos ao meio, no sentido do comprimento, com a entretela para dentro, e passe a ferro.

BLUSA

Feche os punhos com uma costura reta a 1 cm da borda.

Vire as margens de costura do punho para dentro.

PREPARAR AS MANGAS

Faça duas costuras paralelas sem retrocessos na parte superior das cabeças das mangas, no lado direito do tecido. A primeira distante 0,5 cm da borda e a segunda a 1 cm, deixando fios de linhas compridos no início e no final das costuras. Faça o mesmo na barra da manga, entre os piques.

COSTURA | 87

BLUSA

Puxe os fios das costuras da cabeça da manga pelo avesso para franzir; primeiro de um lado e depois do outro. Os dois fios de cada lado devem ser puxados juntos para fazer o franzido. Franza até ficar com a medida programada na modelagem. Faça o mesmo com os fios da barra da manga até que ela alcance o tamanho do punho.

Feche as laterais da manga com uma costura francesa.

UNIR OS PUNHOS COM AS MANGAS

Posicione o punho na parte interna da manga, casando as costuras de fechamento do punho e da manga. Quando encontrar a posição correta, alfinete para facilitar a costura. Faça uma costura reta distante 1 cm da borda da manga, usando as dobras das margens de costura do punho como guia.

BLUSA

Vire o punho para a posição final e pesponte a 0,2 cm da borda dobrada anteriormente no ferro, pelo lado direito.

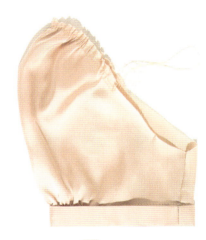

BLUSA

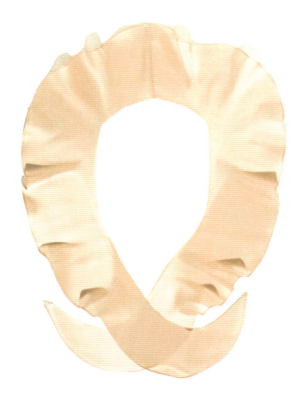

PREPARAR O BABADO

Una as duas partes do babado pelo centro, com uma costura francesa, conforme descrito na página 68.

Faça uma bainha de lenço na parte inferior do babado, conforme descrito na página 77.

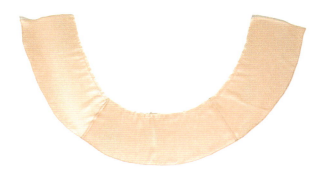

PREPARAR A BASQUE

Feche as laterais da basque com costuras francesas. Faça uma bainha de lenço na barra e na lateral solta da basque.

BLUSA

PREPARAR AS FAIXAS

Dobre as faixas ao meio, pelo avesso, no sentido do comprimento.

Para fechar a faixa, passe uma costura reta, a 1 cm de distância da borda. A parte que será presa à blusa deve ficar aberta. Apare as margens de costura com 0,5 cm.

Vire para o direito e passe a ferro.

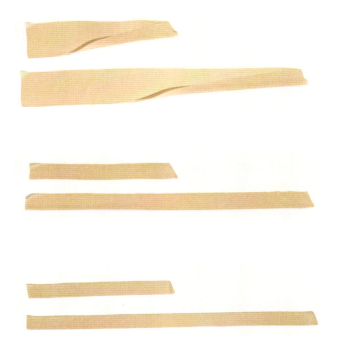

PREPARAR AS COSTAS

Faça uma bainha de lenço somente na lateral do lado direito da blusa, da cintura para cima até a marcação do pique (cerca de 5 cm) para dar acabamento à fenda por onde passará a faixa. Costure as pences de acordo com as marcações da modelagem e passe a ferro, conforme descrito na página 69.

Atenção: quando se faz a pence, é preciso saber para que lado ela será virada. Neste caso, tombamos as pences para fora, mas você pode fazer a sua opção. O importante é que as duas estejam viradas para dentro ou para fora, e não para o mesmo lado.

BLUSA

PREPARAR AS FRENTES

Faça uma bainha de lenço somente na lateral do lado direito da blusa para dar acabamento à fenda por onde passará a faixa, do mesmo modo como foi feito nas costas. Faça duas costuras paralelas sem retrocessos, na parte superior: uma com 0,5 cm e outra com 1 cm da borda, e duas na parte do transpasse, com as mesmas medidas.

Franza os recortes dos ombros até ficar com a medida da pala. Depois franza o transpasse até a medida da faixa.

BLUSA

PREGAR AS PALAS

Separe um par de palas. Coloque a primeira com o lado direito virado para cima. Em seguida, acomode a frente da blusa com o lado direito para baixo. Faça uma costura a 1 cm da borda para fixar a pala externa.

Agora acomode a pala interna com o lado direito para baixo. Para facilitar, a montagem pode ser alfinetada antes da costura. Vire a peça alfinetada para baixo e faça uma costura sobre a costura já existente. Vire para o lado direito e passe a ferro. Faça o mesmo na outra frente.

BLUSA

UNIR OS OMBROS

Coloque as costas com o lado direito do tecido para cima. Acomode a pala externa com o lado direito para baixo. Prenda com alfinete para facilitar a fixação. Faça uma costura a 1 cm da borda para unir a pala externa com as costas.

Segure os tecidos pelo lado da cava e vire a pala interna, de modo que o lado direito do tecido da pala case com o avesso do tecido das costas.

Vá costurando aos poucos sobre a costura já existente, casando as bordas dos três tecidos.

Repita no outro ombro. Como resultado final, você terá a parte de cima da blusa unida pelos ombros.

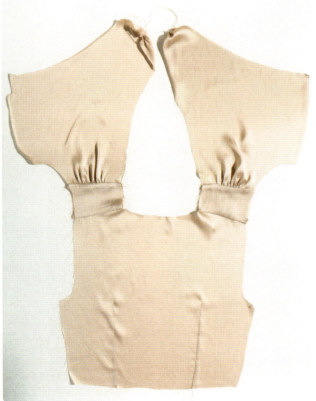

BLUSA

PREGAR O BABADO NO DECOTE

Costure o babado no decote pelo lado direito da blusa, em toda a extensão. Se achar necessário, alfinete para verificar a posição correta, antes de iniciar a costura.

Costure o viés de acabamento no decote, conforme descrito na página 79.

FECHAR AS LATERAIS

Feche as laterais, unindo as frentes e as costas com costuras francesas, deixando aberto, no lado direito, o espaço no qual foi feita a bainha de lenço para criar a fenda por onde passará a faixa.

BLUSA

PREGAR A BASQUE

Passe uma costura na cintura da basque, para evitar que as partes que ficam no fio enviesado cresçam. Una a basque com a blusa pela cintura com uma costura francesa, casando as costuras laterais.

PREGAR AS FAIXAS

Costure a faixa na frente da blusa junto ao franzido, pelo lado avesso.

Vire para o lado direito embutindo as costuras, dobre e pesponte.

BLUSA

PREGAR AS MANGAS

Posicione o direito da manga no direito da cava, casando o pique do alto da cabeça da manga com os ombros, e as costuras laterais da cava e da manga. Alfinete para não perder a posição correta. Passe uma costura, pelo avesso, a 1 cm da margem e, em seguida, apare a margem de costura com 0,5 cm.

Costure o viés pelo avesso usando o aparelho adaptador.

Atenção: perceba que a manga está dentro da cava para costurar o viés.

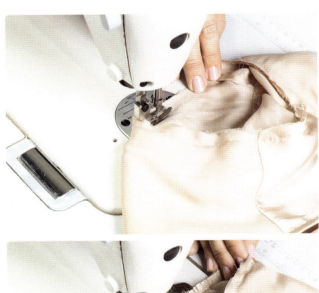

COSTURA | 99

BLUSA

ARREMATAR E PASSAR

Arremate, cortando os excessos de tecido e linhas, e passe a blusa a ferro. Nas fotos, veja como ficou a peça pronta, frente e costas.

Saia

DESCRIÇÃO

Saia com cós anatômico, bolsos embutidos de dois vivos na frente, zíper invisível e fenda no centro das costas. Modelo em tecido de gramatura média com forro de acetato.

COSTURA | 101

SAIA

PARTES COMPONENTES — TECIDO

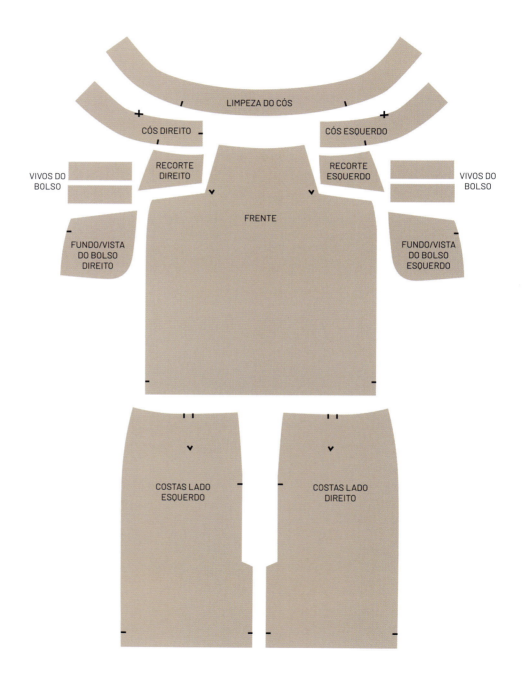

*PARTES COMPONENTES
— FORRO E ENTRETELA*

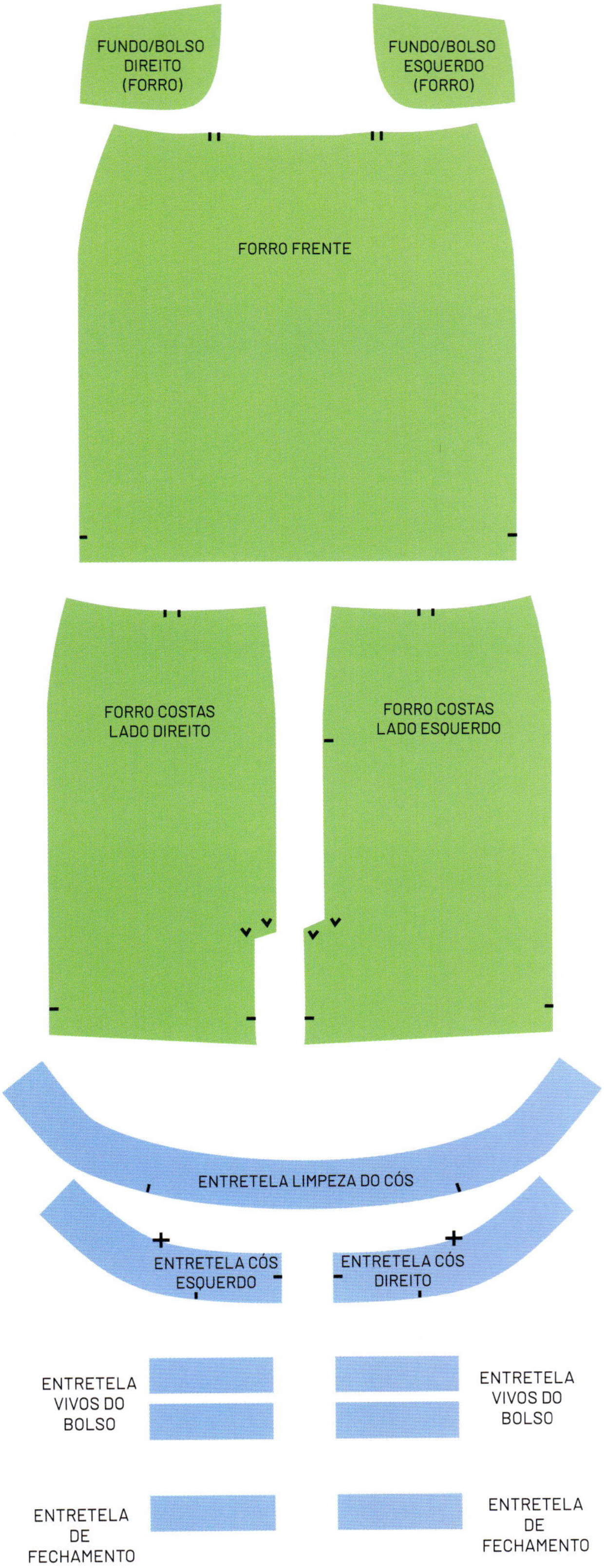

SAIA

FUNDO/BOLSO
DIREITO
(FORRO)

FUNDO/BOLSO
ESQUERDO
(FORRO)

FORRO FRENTE

FORRO COSTAS
LADO DIREITO

FORRO COSTAS
LADO ESQUERDO

ENTRETELA LIMPEZA DO CÓS

ENTRETELA CÓS
ESQUERDO

ENTRETELA CÓS
DIREITO

ENTRETELA
VIVOS DO
BOLSO

ENTRETELA
VIVOS DO
BOLSO

ENTRETELA
DE
FECHAMENTO

ENTRETELA
DE
FECHAMENTO

COSTURA | 103

SAIA

EQUIPAMENTOS E MATERIAIS NECESSÁRIOS

- Máquina reta ponto fixo
- Máquina overloque 3 fios
- Agulha média (nº 11 ou nº 14) ponta universal
- Linha mista de algodão e poliéster (120)
- Zíper invisível de 20 cm
- Calcador para zíper invisível

SEQUÊNCIA OPERACIONAL

- Preparar os bolsos
- Preparar as costas
- Unir as laterais
- Preparar o cós
- Preparar o forro
- Unir o forro com a saia
- Colocar o zíper invisível
- Fazer o acabamento da cintura
- Fazer a bainha
- Arrematar e passar

Atenção: lembre-se de que apresentaremos apenas um lado da peça. O outro lado deve ser feito da mesma maneira.

PASSO A PASSO

PREPARAR OS BOLSOS

Fusione a entretela nos vivos dos bolsos.

Feche a costura vertical do recorte da frente, deixando 2 cm aberto na parte superior (cintura) para a colocação do cós.

Fusione uma tira de entretela juntando, pelo avesso, as duas partes da abertura do bolso.

SAIA

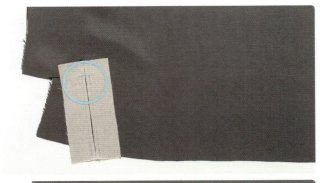

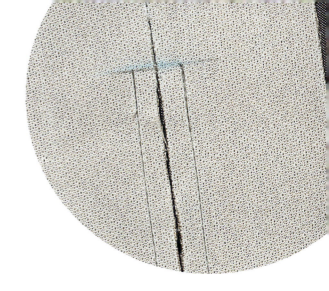

Posicione os tecidos dos vivos sobre a abertura do bolso, casando direito com direito os tecidos dos vivos e da frente da saia, respeitando as marcações de furos. Utilize como referência o recorte da abertura. Quando encontrar a posição correta, prenda com alfinetes. Risque com giz de alfaiate o início do bolso (no avesso dos vivos), conforme a marcação dos furos do molde. Faça duas costuras paralelas, distantes ½ pé calcador do recorte da abertura do bolso, utilizando como referência de início a marcação feita anteriormente com giz. Essas costuras devem terminar exatamente na marca do giz com retrocesso.

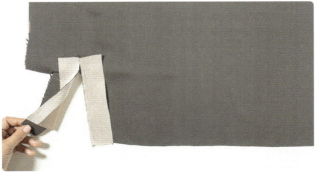

Faça um corte entre as duas costuras, acompanhando a abertura do bolso na saia, terminando 1,5 cm antes do início do bolso. Desse ponto, finalize com dois piques na diagonal, em direção ao início de cada uma das duas costuras.

106 | COSTURAR E EMPREENDER

Vire os tecidos dos vivos para o avesso, por dentro da abertura do bolso. Abra as costuras no ferro. Dobre-o na largura das margens de costura para formar os vivos, e passe a ferro.

S A I A

Passe uma costura, sobrepondo à costura já existente, para fixar os vivos.

Passe uma costura nos cantos dos bolsos (triângulos) e passe a ferro.

Costure o forro na parte inferior das sobras do tecido dos vivos.

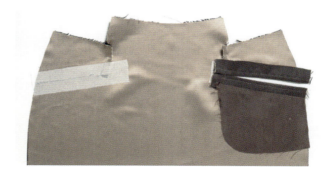

Posicione o fundo do bolso sobre o forro. Costure ao redor com 1 cm de largura. Chuleie no overloque o fundo do bolso.

S A I A

Costure o fundo do bolso na parte superior das sobras do tecido dos vivos e nos triângulos laterais, sobrepondo às costuras já existentes, finalizando assim a costura do bolso.

110 | COSTURAR E EMPREENDER

PREPARAR AS COSTAS

Chuleie no overloque o centro das costas, da cintura até o início da fenda.

Costure as pence, conforme as marcações, e passe a ferro, tombando as costuras para o centro das costas. Una o centro das costas com uma costura de 1 cm de largura entre o pique do zíper e a marcação da fenda. Nesse ponto, dê um pique diagonal na costura do lado direito das costas (lado esquerdo, quando a peça estiver do lado correto). Abra a costura no ferro, vincando a dobra da fenda para dentro.

SAIA

UNIR AS LATERAIS

Una as laterais com uma costura fechada e chuleada. Aproveite para chulear a bainha.

Atenção: normalmente fecharíamos as laterais da saia com uma costura aberta. No entanto, como ela vai unir, além da frente e das costas, todo o bolso, com os vivos e as entretelas e as demais partes, a costura ficaria grosseira e difícil de abrir no ferro. Por isso, optamos, nesse caso, pela costura fechada.

PREPARAR O CÓS

Fusione a entretela em todas as partes do cós.

Pregue o cós iniciando no recorte da frente e finalizando no centro das costas. Repita do outro lado. Passe a ferro, tombando as margens de costura para o lado do cós.

S A I A

Finalize a costura do recorte vertical da frente.

SAIA

PREPARAR O FORRO

Feche as laterais e o centro das costas, do pique do zíper até a fenda, com costuras de 1 cm de largura. Chuleie no overloque as costuras laterais fechadas e também o centro das costas do pique do zíper até o início da fenda.

Faça pregas no forro na parte superior das costas, de acordo com os piques. Essa prega corresponde à pence que existe no tecido. Faça bainha no forro com duas dobras, de acordo com a largura programada na modelagem.

Atenção: a máquina overloque 5 fios fecha e chuleia de uma só vez.

Pregue a limpeza do cós na parte superior do forro. Vire a margem de costura no ferro para o lado do forro.

UNIR O FORRO COM A SAIA

Atenção: para facilitar a visualização desta etapa de preparação da saia, optamos por usar uma peça sem cós e sem a frente costurada. Na realidade, quando você for prender o forro, a saia deve estar com frente e costas unidas e cós preso.

Una tecido e forro, começando pela abertura da fenda. No lado esquerdo do corpo, una tecido e forro do início ao fim da fenda com uma costura de 1 cm de largura, iniciando pela parte superior.

S A I A

No lado direito, junte tecido e forro, casando os furos de marcação de 1 cm de margem sem costurar, para fazer um pique no forro e possibilitar a mudança da direção da costura. Faça uma costura de 1 cm de largura.

Agora o forro estará preso à saia dos dois lados da fenda. Restará o espaço correspondente ao recorte diagonal da fenda. Para fechar essa abertura, embuta os dois lados do forro e do tecido e prenda por dentro com uma costura de 1 cm de largura.

S A I A

No lado esquerdo, dobre o tecido da bainha da saia no pique, pelo avesso, para embutir, costurando os cantos de junção do forro com o tecido, com uma costura vertical, seguindo a costura de união do forro com a saia.

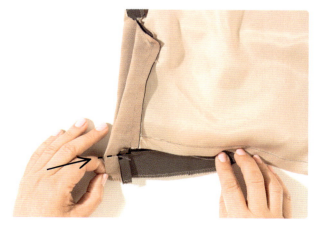

Do outro lado, dobre o tecido da fenda e faça uma costura horizontal na linha em que será dobrada a bainha.

S A I A

Desvire as costuras e vinque a bainha da saia no ferro.

COLOCAR O ZÍPER INVISÍVEL

Fixe o zíper invisível na abertura do centro das costas, conforme já demonstrado nos detalhes de processos na página 81.

SAIA

FAZER O ACABAMENTO DA CINTURA

Atenção: deste ponto em diante, voltamos para a saia presa pelas laterais e cós, já com o forro preso.

Pregue a limpeza do cós na cintura da saia.

Dê pespontos internos na limpeza, prendendo as margens de costura.

Embuta, pelo avesso, o zíper na limpeza do cós e no forro. Para isso, passe uma costura fixando o forro no zíper.

Faça pesponto invisível entre a costura do cós e a saia, prendendo a limpeza do cós e o forro.

SAIA

FAZER A BAINHA

Faça a bainha invisível à mão ou utilizando uma máquina para bainha invisível.

ARREMATAR E PASSAR

Arremate cortando linhas e demais excessos. Passe a ferro e terá a peça pronta.

Vestido

DESCRIÇÃO

Vestido tubo com decote em "V", recortes verticais na frente desde o decote até a barra, gola em pé a partir do recorte da frente até as costas, mangas em meia cava com pregas e costas com pences verticais e zíper no centro. Modelo em tecido de gramatura média.

VESTIDO

PARTES COMPONENTES — TECIDO

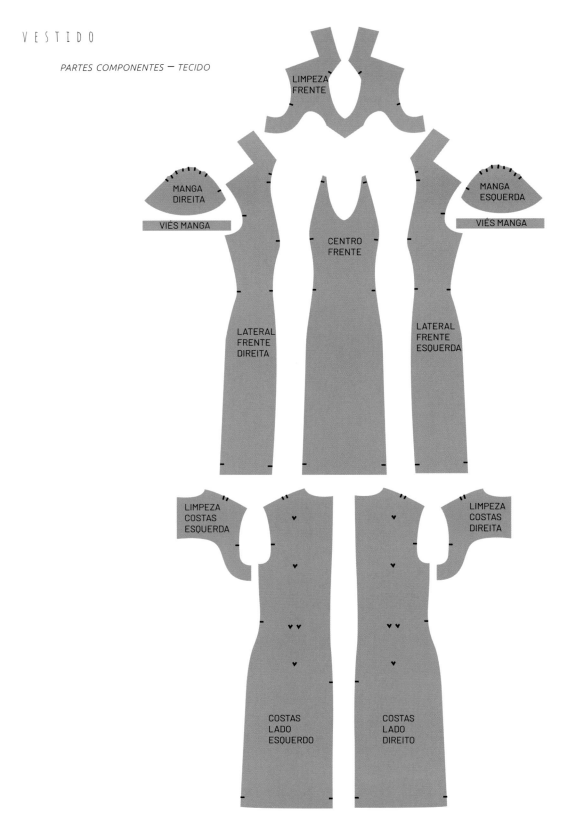

124 | COSTURAR E EMPREENDER

VESTIDO

PARTES COMPONENTES — ENTRETELA

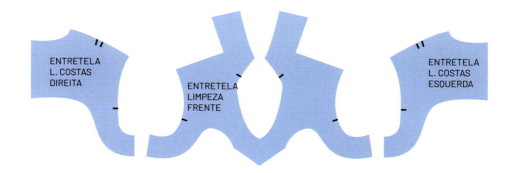

EQUIPAMENTOS E MATERIAIS NECESSÁRIOS
- Máquina reta ponto fixo
- Máquina overloque 3 fios
- Agulha média nº 11 ou nº 14, ponta universal
- Linha mista de algodão e poliéster (nº 120)
- Zíper invisível 60 cm
- Pé calcador para zíper invisível

SEQUÊNCIA OPERACIONAL
- Preparar as limpezas
- Preparar as mangas
- Preparar a frente
- Preparar as costas
- Unir o vestido pelos ombros
- Colocar o zíper invisível e fazer a bainha
- Arrematar e passar

Atenção: lembre-se de que apresentaremos apenas um lado da peça. O outro lado deve ser feito da mesma maneira.

VESTIDO

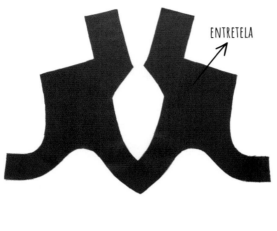

PASSO A PASSO
PREPARAR AS LIMPEZAS

Fusione as entretelas nas limpezas da frente e das costas.

Costure as pences dos ombros na limpeza das costas e passe a ferro. Chuleie a parte inferior da limpeza das costas. Chuleie também a parte inferior da frente.

Una a limpeza das costas e a da frente pelos ombros. Inicie a costura na cava e finalize no ponto de encontro entre o ombro e o degolo das costas, respeitando a margem de costura de 1 cm. Dê um pique diagonal no final dessa costura, liberando o tecido para pregar a gola no degolo das costas. Abra as costuras no ferro.

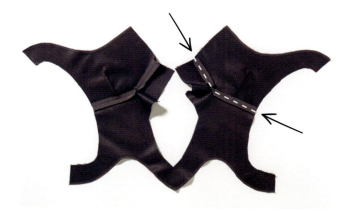

PREPARAR AS MANGAS

Pregue o viés na barra da manga pelo lado direito com uma costura a 0,5 cm da borda.

VESTIDO

Vire o viés para dentro da manga, dobre a borda e faça um pesponto invisível pelo lado direito. O pesponto deve ficar na linha da costura que une o viés e a manga, para que ele não apareça.

Dobre as pregas da cabeça da manga, respeitando a marcação dos piques, e prenda com uma costura. Para facilitar, use alfinetes para segurar as pregas.

PREPARAR A FRENTE

Chuleie as laterais da frente dos dois lados. Chuleie o centro da frente dos dois lados. O chuleado do centro da frente deve ir apenas até o pique de marcação do início da gola. Em seguida, una o centro da frente às laterais com costuras de 1 cm de largura da borda do tecido. Onde a costura encontra a gola, dê um pique para virar a margem de costura para o lado do decote. Abra as costuras no ferro.

VESTIDO

PREPARAR AS COSTAS

Chuleie as costas nas laterais e no centro. Costure as pences da cintura e do ombro, seguindo as marcações com furos. Passe a ferro.

Atenção: a roupa que tem pence no ombro, em geral, tem melhor caimento. Como hoje a tendência é a simplificação dos processos, poucos usam pence no ombro.

VESTIDO

UNIR O VESTIDO PELOS OMBROS

Una as costas e a frente pelos ombros. Inicie a costura na cava e finalize no ponto de encontro entre o ombro e o degolo das costas, respeitando a margem de costura de 1 cm.
Dê um pique na diagonal no final dessa costura, liberando o tecido para pregar a gola no degolo costas. Abra as costuras no ferro.

COSTURA | 131

VESTIDO

Pregue as mangas nas cavas seguindo as marcações de piques.

Pregue a limpeza no corpo do vestido, com uma costura de 1 cm de largura, iniciando no centro da gola, nas costas, e contornando o decote até chegar novamente ao centro da gola, nas costas. Pregue as limpezas nas cavas com uma costura de 1 cm de largura, embutindo as mangas. Inicie e finalize as costuras aproximadamente 3 cm distante das laterais. Dê piques, na margem de costura, no centro do decote, nas curvas do decote das cavas e nos ângulos entre o decote e a gola, para liberar o tecido antes de virar a peça para o direito.

Vire a limpeza para dentro, puxando as costas pelos ombros e, assim, liberando as mangas.

VESTIDO

Dê pespontos internos na limpeza do decote e da gola, prendendo as margens de costura do vestido e da limpeza até onde você conseguir levar o pé calcador.

Una as laterais frente e costas do vestido com costuras de 1 cm de largura. Em seguida, una as limpezas nas laterais com costuras de 1 cm de largura. Abra no ferro as costuras das laterais do vestido e das limpezas.

VESTIDO

Finalize a costura da limpeza das cavas.

Pesponte internamente a limpeza das cavas, prendendo as margens de costura.

VESTIDO

COLOCAR O ZÍPER INVISÍVEL E FAZER A BAINHA

Feche o centro das costas do pique de marcação da abertura do zíper até a barra e abra as costuras no ferro. Não se esqueça de observar o casamento das costuras da gola nos dois lados. Fixe o zíper invisível na abertura do centro das costas, conforme já demonstrado nos detalhes de processos na página 81.

Embuta, pelo avesso, a limpeza na parte superior do zíper. Para isso, passe uma costura fixando a limpeza no zíper.

Chuleie a bainha no overloque e dobre na largura programada pela modelagem e marcada pelos piques. Vinque no ferro.

Faça a bainha com pontos invisíveis, à mão ou utilizando máquinas específicas para essa finalidade.

V E S T I D O

ARREMATAR E PASSAR

Arremate cortando linhas e demais excessos e depois passe a ferro.

ROUPA MASCULINA
Camisa

DESCRIÇÃO

Camisa social com gola colarinho, abotoamento frontal, bolso chapado no lado esquerdo, pala dupla nas costas, mangas longas com punho e carcela, barra fraldada. Modelo em tecido leve.

COSTURA | 139

CAMISA

PARTES COMPONENTES

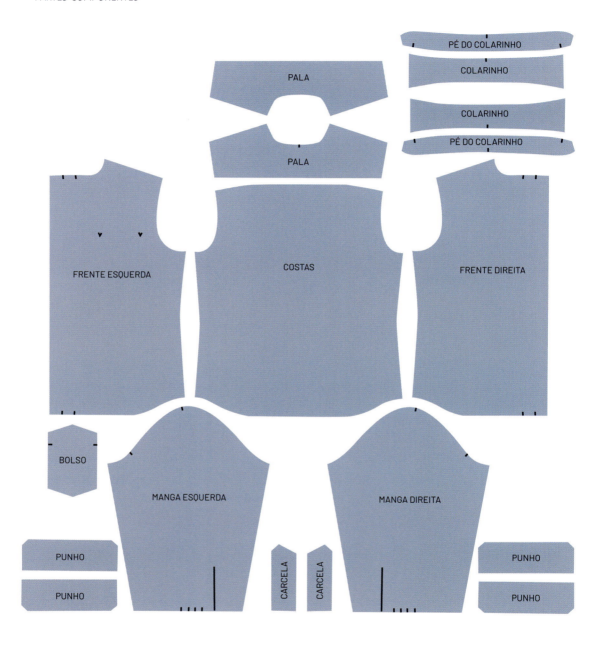

CAMISA

PARTES COMPONENTES — ENTRETELA

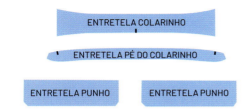

PARTES COMPONENTES — BITOLAS

EQUIPAMENTOS E MATERIAIS NECESSÁRIOS

- Máquina reta ponto fixo
- Agulha média nº 11 ponta fina ou universal
- Linha mista algodão e poliéster (120)

SEQUÊNCIA OPERACIONAL

- Preparar os punhos
- Preparar o colarinho
- Preparar as mangas
- Preparar as vistas das frentes
- Preparar e pregar o bolso
- Embutir as costas e as frentes nas palas
- Pregar a gola
- Pregar a manga
- Fechar a camisa
- Pregar os punhos
- Fazer a bainha
- Casear e pregar botões
- Arrematar e passar

Atenção: lembre-se de que apresentaremos apenas um lado da peça. O outro lado deve ser feito da mesma maneira.

CAMISA

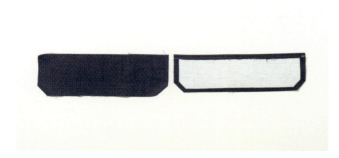

PASSO A PASSO
PREPARAR OS PUNHOS

Fusione a entretela no punho, deixando 1 cm de margem no tecido para a costura. Faça bainha pespontada, passando uma costura de pouco menos de 1 cm na parte superior do punho. Deixe a outra parte do punho sem entretela.

Feche os punhos, juntando a parte com entretela e a parte sem entretela. Para isso, case direito com direito do tecido e passe uma costura reta, pelo avesso, a 0,1 cm de distância ao redor da entretela. Deixe aberto o lado que será pregado na manga. Apare as margens do tecido deixando-as com 0,5 cm. Vire para o direito e passe a ferro.

PREPARAR O COLARINHO

Fusione as entretelas no colarinho e no pé do colarinho, deixando 1 cm de margem no tecido para a costura. Reserve a parte do colarinho e do pé do colarinho sem entretela.

142 | COSTURAR E EMPREENDER

Feche o colarinho, juntando a parte com entretela e a parte sem entretela. Para isso, case direito com direito do tecido e costure pelo avesso ao redor da entretela a 0,1 cm de distância, deixando aberto o lado que será embutido no pé do colarinho. Apare as margens do tecido, deixando-as com 0,5 cm.

Vire para o direito e passe a ferro. Pesponte com a distância de ½ pé calcador.

Faça bainha no pé do colarinho com a entretela, passando uma costura de 0,7 cm no lado que será pregado no decote.

CAMISA

Agora una o pé do colarinho com o colarinho. Para isso, coloque o colarinho com a parte da entretelada para cima e em seguida a parte do pé do colarinho com a entretela para cima. Preste atenção para casar os piques do centro do colarinho e do pé do colarinho. A costura deve ser feita do centro para um lado, depois do centro para o outro lado. Isso deixará as peças centralizadas.

Coloque as duas partes já costuradas sobre a parte sem entretela e costure contornando a entretela, também do centro para as laterais, com o avesso para cima.

Vire as duas partes do pé do colarinho para baixo. Agora o colarinho está pronto para ser preso ao decote.

Atenção: as operações de costurar e aparar podem ser feitas de uma só vez em uma máquina reta refiladeira, que possui uma faca semelhante à da máquina de overloque, que recorta enquanto costura.

144 | COSTURAR E EMPREENDER

CAMISA

PREPARAR AS MANGAS

Faça uma bainha na abertura da carcela somente do lado mais estreito, o que fica mais próximo à lateral.

Coloque a bitola sobre a carcela. Dobre o tecido marcando as margens de costura no ferro. Em seguida, dobre a carcela ao meio.

CAMISA

Pregue o lado mais curto da carcela no avesso da manga, com uma costura de 0,5 cm de largura até o final da abertura.

Dê um pique inclinado ao final da costura e dobre-o para cima. Em seguida, vire a carcela para o lado direito da manga.

Prenda a carcela com um pesponto de 0,2 cm e finalize com uma costura transversal com retrocesso, fazendo o acabamento da abertura.

Dobre as pregas da manga, conforme a marcação de piques, e fixe com uma costura.

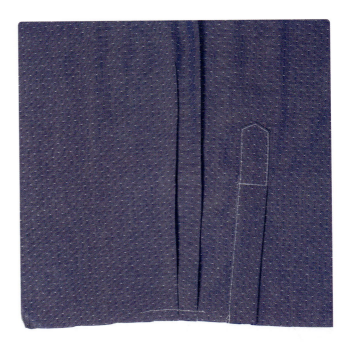

CAMISA

PREPARAR AS VISTAS DAS FRENTES

Com o avesso para cima, dobre o lado correspondente à abertura da blusa duas vezes, seguindo os piques. Passe a ferro.

Atenção: existem várias formas de acabamento do transpasse de abotoamento. Nesse caso, optamos pela forma mais simples, igual à dos dois lados da camisa.

CAMISA

PREPARAR E PREGAR O BOLSO

Coloque a bitola sobre o avesso do bolso, bem no centro. Dobre as margens de costura, cuidando para que todas fiquem do mesmo tamanho. Passe a ferro para marcá-las.

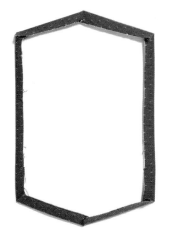

Dobre a parte superior do bolso para o lado direito do tecido, respeitando os piques. Costure as laterais somente na parte dobrada.

Vire a parte superior do bolso para o avesso do tecido e faça a bainha em bico, acompanhando a forma.

COSTURA | 149

CAMISA

Pregue o bolso na frente esquerda da camisa, contornando-o com um pesponto. A posição do bolso deve estar marcada na frente da camisa.

EMBUTIR AS COSTAS E AS FRENTES NAS PALAS

Separe as duas partes da pala. Coloque a primeira com o lado direito para cima. Em seguida, acomode a parte superior das costas, com o lado direito para cima. Depois, acomode a outra parte da pala, com o lado direito para baixo. Para facilitar, a montagem pode ser alfinetada antes da costura.

Faça uma costura de 1 cm de largura da margem. Vire para o direito e passe a ferro. Faça um pesponto de 0,2 cm na pala, prendendo somente a pala externa.

Posicione a frente com o direito do tecido para cima. Acomode a pala externa com o direito para baixo. Prenda com alfinete para facilitar a fixação, se necessário. Costure para unir a pala externa na frente da blusa.

CAMISA

Segure os tecidos pelo lado do decote e vire a pala interna, de modo que o direito do tecido da pala case com o avesso do tecido da frente. Vá costurando aos poucos com uma margem de 1 cm casando as bordas dos três tecidos.

Faça um pesponto de 0,2 cm na pala pelo direito do tecido.

CAMISA

PREGAR A GOLA

Pregue o pé do colarinho no decote do lado externo da camisa, com costura de 1 cm.

Embuta a margem de costura dentro do pé do colarinho e costure prendendo-o no decote pela parte interna, pespontando com 0,2 cm de largura em toda a volta.

Atenção: pode-se começar a costura em qualquer ponto, menos nas pontas do pé do colarinho.

PREGAR A MANGA

Faça uma bainha na cabeça da manga, dobrando 0,5 cm para o lado direito do tecido, pespontando com 0,2 cm da dobra.

Encoste a borda da cava no final da dobra da bainha feita na cabeça da manga e costure com distância de 0,5 cm.

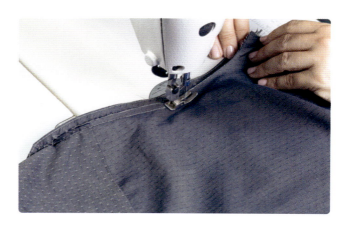

COSTURA | 153

CAMISA

Pesponte a cava pelo avesso da camisa, acompanhando a dobra da costura da manga.

CAMISA

FECHAR A CAMISA

Feche as laterais, continuando nas mangas com uma costura de encaixe, conforme a técnica demonstrada na página 70. Cuide para que os dois lados da cava casem perfeitamente.

Atenção: na fábrica, teremos uma máquina de braço preparada para a costura de encaixe.

COSTURA | 155

CAMISA

PREGAR OS PUNHOS

Pregue o punho pelo avesso da manga da camisa com costura de 1 cm. Embuta a margem de costura dentro do punho pela parte externa. Depois, prenda o punho na manga com um pesponto de 0,2 cm de largura. Continue pespontando ao redor do punho com distância de ½ pé calcador. Inicie a costura do lado no qual foi feita a bainha de lenço na abertura da manga.

CAMISA

FAZER A BAINHA

Passe uma costura com 0,5 cm de largura nas partes curvas da bainha da camisa, para embeber a curvatura e facilitar a dobra.

Faça a bainha dobrando duas vezes 0,7 cm e pespontando pelo avesso com 0,2 cm da dobra.

CAMISA

CASEAR E PREGAR BOTÕES

Marque a posição das casas na frente do lado esquerdo, no pé do colarinho e nos punhos. Use uma fita métrica ou uma bitola, para que as casas fiquem equidistantes, ou seja, com a mesma distância entre uma e outra.

Atenção: no caso de roupa feminina, as casas devem ficar do lado direito.

As etapas de casear e pregar os botões são realizadas em máquinas próprias. Como nossa proposta foi costurar a peça utilizando somente uma máquina reta e uma máquina overloque, a peça termina aqui. Indicamos mandar a peça para a fábrica ou para uma facção especializada em casear e pregar os botões.

ARREMATAR E PASSAR

Arremate, cortando linhas e demais excessos, e passe a ferro.

Calça jeans

DESCRIÇÃO:

Calça jeans modelo five pockets com cós reto, cinco passadores, braguilha com zíper, dois bolsos frontais e bolso relógio, costas com pala e dois bolsos chapados. Modelo em tecido pesado.

CALÇA JEANS

PARTES COMPONENTES — TECIDO

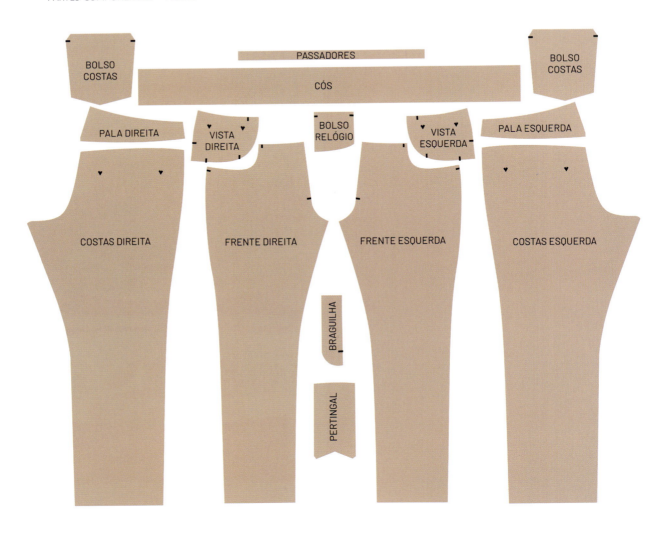

PARTES COMPONENTES — FORRO

CALÇA JEANS

PARTES COMPONENTES — BITOLAS

EQUIPAMENTOS E MATERIAIS NECESSÁRIOS

- Máquina reta ponto fixo
- Máquina overloque 3 fios
- Linha de pesponto (nº 25) na agulha e linha comum (nº 120) na bobina
- Agulha grossa nº 16 ou nº 18, ponta fina
- Zíper metal grosso 15 cm

Atenção: a máquina deve estar preparada com a chapa e os dentes impelentes próprios para tecidos pesados.

SEQUÊNCIA OPERACIONAL

- Preparar os passadores
- Preparar os bolsos de trás
- Preparar o bolso relógio
- Preparar os bolsos da frente
- Preparar a braguilha
- Fechar o gancho
- Pregar as palas nas costas
- Pregar os bolsos de trás
- Unir ganchos nas costas
- Unir as laterais internas e externas
- Pregar os passadores
- Preparar e pregar o cós
- Fazer a bainha
- Arrematar e passar

Atenção: lembre-se de que apresentaremos apenas um lado da peça. O outro lado deve ser feito da mesma maneira.

CALÇA JEANS

PASSO A PASSO
PREPARAR OS PASSADORES

Chuleie as laterais da tira para passadores dos dois lados.

Atenção: esta operação normalmente é feita em máquina para passadores ou em máquina colarete adaptada com aparelho para passador. Neste livro utilizaremos a máquina reta e o overloque 3 fios.

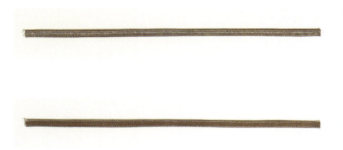

Dobre as laterais chuleadas para dentro até que elas se encontrem no centro da tira.

Fixe as dobras com dois pespontos pelo lado direito do passador.

Atenção: o pesponto deve ser feito pelo lado direito dos passadores, para que a linha de pesponto que está na agulha apareça. Se a costura for feita pelo avesso, o que ficará aparente será a linha que está na bobina.

Corte a tira preparada em cinco partes iguais.

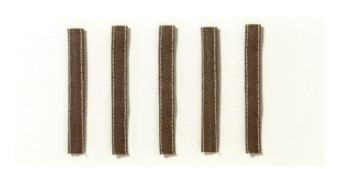

PREPARAR OS BOLSOS DE TRÁS

Faça uma dobra de 1 cm de largura na parte superior do bolso. Em seguida, dobre mais uma vez. Faça um pesponto duplo pelo lado direito do bolso. O primeiro pesponto deve ter 0,2 cm de distância da borda e o segundo deve ser feito a ½ pé calcador distante do primeiro.

Atenção: o pesponto deve ser feito pelo lado direito do bolso, para que a linha de pesponto que está na agulha apareça. Se a costura for feita pelo avesso, o que ficará aparente será a linha que está na bobina.

Coloque a bitola de cartão no centro do bolso e dobre para marcar as margens de costura laterais no ferro.

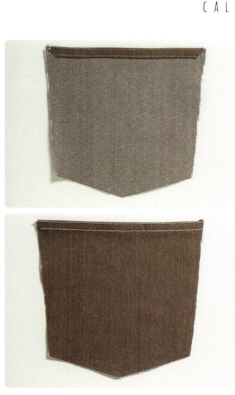

CALÇA JEANS

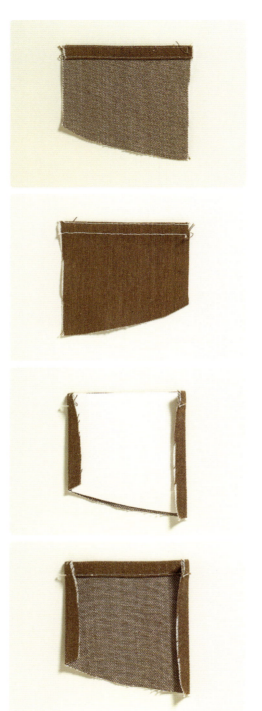

PREPARAR O BOLSO RELÓGIO

Faça uma dobra de 1 cm de largura na parte superior do bolso. Em seguida, dobre mais uma vez. Faça um pesponto duplo pelo lado direito do bolso. O primeiro pesponto deve ter 0,2 cm de distância da borda e o segundo deve ser feito a ½ pé calcador distante do primeiro.

Coloque a bitola de cartão no centro do bolso e dobre para marcar as margens de costura laterais no ferro.

Pregue o bolso relógio na vista direita do bolso da frente, seguindo as marcações de piques. Para isso, faça um pesponto duplo pelo lado direito do bolso: primeiro de um lado, depois do outro. Comece pela parte de baixo, siga com a costura até a borda do bolso, vire a 90 graus e depois de novo a 90 graus, descendo com uma costura paralela (ver as setas). O primeiro trecho do pesponto deve ter 0,2 cm de distância da borda do bolso e o segundo deve ser feito a ½ pé calcador distante do primeiro.

PREPARAR OS BOLSOS DA FRENTE

Chuleie os lados curvos das vistas do bolso da frente.

Pregue as vistas de tecido nos forros dos bolsos da frente com uma costura rente ao chuleado.

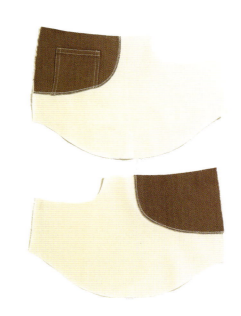

CALÇA JEANS

Coloque a frente esquerda da calça sobre o forro do bolso, casando direito com direito. Costure a abertura do bolso da frente, unindo a frente da calça com o fundo do bolso em uma costura de 1 cm de largura. Dê piques na parte curva da margem de costura.

Vire para o direito e faça pespontos duplos na abertura do bolso. O primeiro com distância de 0,2 cm da borda e o outro com a distância de ½ pé calcador do primeiro pesponto.

Posicione a abertura do bolso sobre a vista, de acordo com as marcações de piques, e segure com costuras nas partes superiores (cintura) e nas laterais dos bolsos.

Atenção: nem sempre a modelagem apresentará as marcações. Isso dificulta o trabalho de quem trabalha com costura, pois as duas partes (frente da calça e vista do bolso) podem não ficar perfeitamente casadas.

Feche as partes inferiores dos forros dos bolsos com uma costura de 1 cm e chuleie.

Atenção: a costura de fechamento do fundo do bolso pode ser feita em uma máquina overloque 5 fios ou com costura francesa.

CALÇA JEANS

PREPARAR A BRAGUILHA

Feche a parte inferior do pertingal com uma costura de 1 cm de largura, pelo avesso.

Vire o pertingal para o direito, chuleie o lado maior e o lado curvo da braguilha.

Chuleie as partes curvas dos ganchos da frente, do pique da abertura até a entreperna.

Pregue a limpeza da braguilha no centro da frente (lado esquerdo), com uma costura de 1 cm de largura, a partir da cintura até o pique da abertura. Finalize com retrocesso na costura. Dê um pique na margem de costura em direção ao final dela.

Vire a limpeza para dentro e faça pesponto de 0,2 cm na abertura da braguilha pelo direito da frente.

CALÇA JEANS

Posicione o zíper sobre a limpeza da braguilha com o lado direito virado para o tecido. Na parte superior, ele deve estar 0,5 cm para dentro da borda da abertura, tomando o terminal superior do zíper como referência. Na parte inferior, o zíper deve estar 0,5 cm para fora da borda, tomando o terminal inferior como referência. Para facilitar, alfinete o zíper para que ele não se movimente, depois costure o lado esquerdo do zíper apenas na limpeza da braguilha.

Atenção: cuidado para não costurar o tecido da frente da calça. O zíper será preso apenas no tecido da limpeza da braguilha.

CALÇA JEANS

Para fazer o pesponto da braguilha, posicione a bitola, conforme a foto. Marque o contorno com giz. Faça o primeiro pesponto sobre a marca de giz e o segundo, a ½ pé calcador do primeiro, tomando o cuidado de levantar o tecido do zíper do lado que não foi costurado, para que ele não fique preso pelo pesponto.

COSTURA | 171

CALÇA JEANS

Pregue o pertingal no outro lado do zíper, pelo lado que foi chuleado.

CALÇA JEANS

Dobre a parte correspondente ao zíper, do pique até a cintura, e pesponte o lado em que foi colocado o pertingal.

FECHAR O GANCHO

Costure o gancho da frente pelo avesso, começando na entreperna e terminando antes do final do tecido da limpeza da braguilha.

COSTURA | 173

CALÇA JEANS

Vire para o lado direito da calça e finalize o fechamento do gancho pespontando com 0,2 cm de distância da dobra da costura. Inicie na entreperna, vá até o pesponto da braguilha e volte pespontando a uma distância de ½ pé calcador do primeiro pesponto.

CALÇA JEANS

PREGAR AS PALAS NAS COSTAS

Pregue as palas nas costas com costuras de 1 cm de largura. Chuleie para dar acabamento às costuras. Faça pespontos duplos pelo direito da peça nas costuras das palas viradas para cima (ou para baixo, de acordo com o modelo). Faça o primeiro pesponto com distância de 0,2 cm da dobra da costura e o outro com distância de ½ pé calcador do primeiro pesponto.

PREGAR OS BOLSOS DE TRÁS

Para marcar onde será feito o pesponto, posicione a bitola no centro do bolso. Atenção para que o espaço nas laterais seja exatamente o mesmo. Marque o contorno com giz. Posicione o bolso no local indicado pelos furos de marcação. Comece a costura na parte de cima do bolso, contornando com pesponto distante 0,2 cm da borda.

COSTURA | 175

CALÇA JEANS

Volte pespontando sobre a marca de giz. Termine no mesmo ponto que começou, com um retrocesso.

UNIR GANCHOS NAS COSTAS

Una os ganchos das costas com uma costura de 1 cm de largura, cuidando para que as costuras das palas casem. Chuleie para dar acabamento às costuras. Faça pespontos duplos na costura do gancho das costas virada para o lado esquerdo. Faça o primeiro pesponto com distância de 0,2 cm da dobra da costura e o outro com distância de ½ pé calcador do primeiro pesponto.

Atenção: em uma confecção especializada em jeans, as etapas de pregar palas e unir ganchos poderiam ser realizadas em uma máquina overloque 5 fios e uma máquina de pesponto duplo.

CALÇA JEANS

UNIR AS LATERAIS EXTERNAS E INTERNAS

Una as laterais frente e costas com costuras de 1 cm de largura, da cintura até a barra. Chuleie para dar acabamento às costuras. Faça um pesponto com distância de 0,2 cm da dobra nas costuras laterais viradas para as costas.

Feche as entrepernas com uma costura de 1 cm de largura, observando o casamento das costuras dos ganchos. Chuleie para dar acabamento às costuras.

Atenção: em uma confecção especializada em jeans, a união das laterais e das entrepernas poderia ser realizada em uma máquina overloque 5 fios.

COSTURA | 177

CALÇA JEANS

PREGAR OS PASSADORES

Para pregar os passadores, marque a posição de cada um deles com giz. Primeiro marque o que vai ficar no centro das costas, depois os dois da frente, bem ao lado dos bolsos. Agora divida ao meio o espaço entre os passadores da frente e das costas para encontrar a posição dos que ficam nas laterais. Prenda cada um dos passadores com uma costura.

PREPARAR E PREGAR O CÓS

Faça duas dobras no sentido do comprimento e passe no ferro: uma no meio e outra a 1 cm de uma das bordas.

Pregue o cós na cintura da calça com uma costura de 1 cm de largura, casando o lado direito do cós com o avesso da calça, no lado oposto ao que foi dobrado.

Faça o acabamento no início e no final do cós, no sentido da largura, com uma costura pelo avesso. Vire, embuta a margem de costura da cintura para dentro do cós, pespontando com 0,2 cm de distância pelo lado de fora, prendendo a parte interna que havia sido dobrada no ferro anteriormente. Continue pespontando até completar toda a volta.

CALÇA JEANS

FAZER A BAINHA

Faça a bainha. Para isso, dobre o tecido 2 cm para dentro e depois mais 2 cm, e pesponte pelo lado direito.

Depois da bainha feita, falta apenas o acabamento da calça: mosquear (passadores, bolsos de trás, bolsos da frente, bolso relógio, braguilha), casear e pregar o botão. Isso deve ser feito com máquinas apropriadas. Como nossa proposta foi costurar a peça utilizando somente uma máquina reta e uma máquina overloque, a peça termina aqui. Indicamos mandar a calça para a fábrica ou facção especializada para realizar essas operações.

CALÇA JEANS

ARREMATAR E PASSAR

Arremate, cortando linhas e demais excessos. Passe a ferro.

Referências

ABIT. *Indústria têxtil e de confecção brasileira: cenários, desafios, perspectivas, demandas*. Brasília, DF: ABIT, junho de 2013. Disponível em http://www.abit.org.br/conteudo/links/publicacoes/cartilha_rtcc.pdf. Acesso em 26-10-2017.

BRASIL. Ministério do Trabalho e do Emprego. Programa Nacional de Inclusão de Jovens. *Vestuário*. Col. ProJovem: Arco Ocupacional. Brasília, DF: MTE/COPPE-UFRJ/Senac Nacional, 2006.

_____. Ministério do Trabalho e Previdência Social. *Rais*. Brasília, DF: MTPS, 2012. Disponível em www.rais.gov.br. Acesso em 26-10-2017.

COSTA, Ana Cristina Rodrigues da & ROCHA, Érico Rial Pinto da. "Panorama da cadeia produtiva têxtil e de confecções e a questão da inovação". Em *BNDES Setorial*, n. 29, pp. 159-202. Rio de Janeiro: BNDES, março de 2009. Disponível em https://web.bndes.gov.br/bib/jspui/bitstream/1408/1964/1/BS%2029_Panorama%20da%20cadeia%20produtiva%20t%C3%AAxtil_P.pdf. Acesso em 26-10-2017.

CSERI, Débora. *Fundamentos da malharia: estudo do fator de elasticidade em tecidos de malha e suas aplicações*. 2014. Apresentação em PowerPoint. Disponível em https://www.slideshare.net/debcseri/fundamentos-de-malharia-estudo-do-fator-de-elasticidade. Acesso em 26-10-2017.

GORINI, Ana Paula Fontenelle. "Panorama do setor têxtil no Brasil e no mundo: reestruturação e perspectivas". Em *BNDES Setorial*, n. 12, pp. 17-50. Rio de Janeiro: BNDES, 2000. Disponível em https://web.bndes.gov.br/bib/jspui/bitstream/1408/3226/1/BS%2012%20Panorama%20do%20Setor%20T%C3%AAxtil%20no%20Brasil%20e%20no%20Mundo_P.pdf . Acesso em 26-10-2017.

HISTÓRIA da costura, A. *Art Cor Brasil* [blog]. Disponível em, http://www.artcorbrasil.com.br/blog/a-historia-da-costura/. Acesso em 26-10-2017.

IEMI. *Relatório setorial da indústria têxtil brasileira: Brasil têxtil 2014.* São Paulo: IEMI, agosto de 2014.

LOPEZ, Karla. Tudo sobre agulhas para máquina de costura. *Como se faz* [blog], 6-10-2010. Disponível em https://karlalopez.github.io/comofaz/*%20passo-a-passo%20*/*%20quero%20aprender%20a%20costurar!%20*/costura/moda/2010/10/06/tudo-sobre-agulhas-para-maquina-de-costura.html. Acesso em 26-10-2017.

COMITÊ DE COORDENAÇÃO E MONITORAMENTO DO PACTO NACIONAL PELA ERRADICAÇÃO DO TRABALHO ESCRAVO. Pacto Nacional pela Erradicação do Trabalho Escravo: cartilha de confecções. 2012. Disponível em http://reporterbrasil.org.br/documentos/pacto_web.pdf. Acesso em 26-10-2017.

PEZZOLO, Dinah Bueno. *Tecidos: história, tramas, tipos e usos.* São Paulo: Editora Senac São Paulo, 2007.

MUNDO FEMININO, *Relação tecido, agulha, linha e ponto.* 2008. Disponível em http://mundofemininos.blogspot.com.br/2008/11/3-relao-tecido-agulha-linha-e-ponto.html. Acesso em 26-10-2017.

SOUSA, José Tancredo de. *Tecido: o que é tecido*: Disponível em http://www.ebah.com.br/content/ABAAAglQkAH/tecido-que-tecido. Acesso em 26-10-2017.

TEXBRASIL. Portal Texbrasil – sobre o setor. *Dados da indústria têxtil e de confecção em 2023.* Disponível em: https://texbrasil.com.br/pt/imprensa/dados-da-industria-textil-e-de-confeccao/. Acesso em: 27 mar. 2024.

VIDIGAL, Marina. *Pronto-socorro da costura.* São Paulo: Melhoramentos, 2013.

Cuidados com a sua saúde

Trabalhar durante horas realizando uma tarefa repetitiva requer muito do corpo. E isso vale para qualquer atividade: cozinhar, dançar, dar aulas, etc. Em cada profissão, há partes do corpo que são mais usadas do que outras, e isso provoca sinais de fadiga ou dor. No caso dos profissionais de costura, a atenção deve estar na coluna vertebral, especialmente se a pessoa trabalhar com as costas curvadas e o pescoço para frente.

Dores nas costas, no pescoço e na cabeça são queixas frequentes entre aqueles que trabalham nesse meio. O fato de ficar sentado muito tempo também pode provocar inchaço nas pernas e afrouxamento dos músculos abdominais. E os olhos também podem vir a sofrer, pela tensão muscular, pela iluminação inadequada ou por partículas de poeira que certos tecidos soltam.

Para evitar o desconforto e a dor, recomenda-se que, inicialmente, haja equilíbrio entre sua cadeira e sua estação de trabalho. Seus pés devem estar pousados no chão, nunca pendurados ou esticados. Sua coluna deve estar ereta, mas sem desconforto. Seus braços devem formar um ângulo de 90 graus em relação ao seu antebraço.

É preciso que você tenha consciência do seu corpo e aprenda a respeitá-lo. Quando sentir algum desconforto, procure entender o que pode fazer para atenuá-lo. Pausas, alongamentos e relaxamentos podem aliviar o cansaço muscular e evitar dores crônicas.

Se você já é empresário ou pretende abrir seu próprio negócio, muitas medidas podem ser tomadas para gerar maior bem-estar e saúde aos profissionais de costura, começando pelo número de pausas para descanso durante a jornada de trabalho. Cadeiras adaptáveis à altura dos funcionários, com ajuste do encosto e estofadas com materiais que não deformem, são providências que trarão mais conforto e melhorarão a produtividade. Por questão de segurança, as cadeiras devem ter base fixa (sem rodinhas).

E não esqueça: um ambiente de trabalho claro, arejado e limpo é sinal de respeito aos profissionais. E isso, sem dúvida, refletirá na qualidade final do trabalho.

CUIDE BEM DA SUA POSTURA

Postura correta para sentar-se à máquina.

ALONGAR PARA SE SENTIR MELHOR

Está provado: exercícios de alongamento ajudam a prevenir dores musculares e lesões, ativam a circulação e reduzem o cansaço muscular. Por isso, pelo menos uma vez ao dia, dê especial atenção às partes do seu corpo mais exigidas no trabalho.

Pescoço – a tendência de quem trabalha sentado é projetar o pescoço para a frente e forçar a musculatura da região. Para alongar o pescoço, faça pequenos movimentos com a cabeça como se quisesse levar o queixo ao peito. Depois vire a cabeça para a direita e para a esquerda. Por último, segure a cabeça com mão direita e puxe-a suavemente para esse lado, de modo a sentir a parte esquerda do pescoço alongando. Repita o movimento para o outro lado. Faça esses exercícios lentamente e sem prender a respiração.

Ombros – sentado em sua cadeira, com as costas retas, movimente seus ombros para frente oito vezes. Repita o movimento no sentido contrário. Isso ajuda a relaxar a tensão dos ombros e também de alguns músculos das costas.

Pulsos – essa é uma parte do corpo que merece toda a atenção. Estique o braço esquerdo para a frente e, com a mão direita, aperte suavemente sua mão para baixo e, depois, para cima. Mover os pulsos em círculos para ambos os lados é outro exercício que ajuda a evitar problemas nessa região.

Tórax – fique em pé, com os pés virados para frente e as pernas levemente separadas. Dobre um pouco os joelhos e vá mergulhando seu corpo, deixando a cabeça pender para baixo, como se quisesse encostar as mãos no chão. Volte devagar, subindo primeiramente o tronco e a cabeça por último. Repita o movimento pelo menos três vezes, sempre devagar e respirando suavemente.

Pernas – muita atenção deve ser dada às pernas, em especial às panturrilhas ou batatas da perna. Essa parte do corpo é conhecida como coração periférico venoso, pois tem a função de auxiliar no retorno do sangue venoso ao coração. Exercícios para alongar e fortalecer as panturrilhas ajudam a prevenir coágulos sanguíneos, que são relativamente comuns em pessoas de meia idade que trabalham muito tempo sentadas. Mesmo em sua cadeira, é possível movimentar essa região. Estenda a perna para frente e movimente os dedos dos pés para frente e para trás – sem forçar muito, para que não ocorra o estiramento do músculo.

Ande – sempre que puder, faça pequenas caminhadas, não fique sentado o dia todo. Prefira as escadas ao elevador e respire ao caminhar. Sua circulação agradece.

Descanse os olhos – entre uma tarefa e outra, mude o foco e olhe para longe. Você estará descansando os nervos oculares e também a mente.